Vallen is als vliegen

Ander werk van Manon Uphoff

C.C.S. Crone-prijs 2002

Begeerte (1995, verhalen) Rabobank Lenteprijs
voor Literatuur 1996
Gemis (1997, roman)
De fluwelen machine (1998, verhalen)
Hij zegt dat ik niet dansen kan (2000, notities)
De vanger (2002, novelle)
De bastaard (2004, novelle)
Koudvuur (2005, roman)
Schaduwvlammen (2007, verzamelde verhalen)
De spelers (2009, roman)
Het moet eten, ademhalen, slapen... (2009, essays)
Als je me maar blijft schrijven (2012, brieven
met Herman Franke)
De ochtend valt (2012, novelle) Opzij Literatuurprijs 2013
De zoetheid van geweld (2013, verhalen)
*De blauwe muze. Waarom de beste literatuur
op tv te zien is* (2014, pamflet)

Manon Uphoff

Vallen is als vliegen

Amsterdam · Antwerpen
Em. Querido's Uitgeverij BV
2019

De auteur ontving voor het schrijven van dit boek een werkbeurs van het Nederlands Letterenfonds.

Nederlands letterenfonds
dutch foundation
for literature

MIX
Papier van verantwoorde herkomst
FSC® C004472
FSC
www.fsc.org

Eerste, tweede (e-book) en derde druk, 2019

Deze uitgave kwam tot stand door bemiddeling van Sebes & Bisseling Literary Agency te Amsterdam.

Omslag Anneke Germers
Omslagbeeld Manon Uphoff
Reproductie Emmy Scheele
Foto auteur Marco Okhuizen/Hollandse Hoogte

ISBN 978 90 214 0802 6 / NUR 301
www.querido.nl

Voor de doden

H.R.

E.U.

Voor de levenden

T.R., J.M.U., A.M.U., M.M.U., F.U.,

I.M.

Z.B.

En voor de zielen van

P.E.H.U.

A.U.S.

'Nu geen paniek, bekijk alles gelaten,
probeer de zaak op zijn beloop te laten,
je bent toch anders ook de bangste niet.
't Is gruwelijk wat je te zien zult krijgen,
men zal zich haasten om het dood te zwijgen,
noteer dus heel precies wat je hier ziet.'

– *Faust*

Inhoud

De lange winter van ons ongenoegen

Lezer,

Ik wilde dit verhaal niet vertellen. Lang heb ik me vastgehouden aan het idee van mijn miraculeuze ontsnapping, mijn 'quantum leap', hopend kalm en met controle in een wereld van fictie te kunnen bestaan. Een van eigen hand, die ik vrij kan binnengaan en weer verlaten.

Zo ver als mijn geheugen teruggaat hou ik al van het verhaal en heb ik gehunkerd naar de vertelling met een honger die het gewone, normale ver oversteeg, en met een speciaal oog, oor en neus voor de tragedie. Dan trappelde en snoof ik als een paard... nieuwsgierig, verheugd. Eindelijk gebeurde er iets, eindelijk werden de dingen duidelijk! Bijbelse verhalen, mythen, sagen, gruwelijke sprookjes. Ze porden mijn hart en prikkelden mijn zintuigen. Kijk daar, een hand met spijkers doorboord, een kind met een ijssplinter in het hart, een voor straf verwoeste stad. Wat vreselijk, ernstig, echt.

Ik kende geen groter verlangen dan op een dag iets te mogen toevoegen aan dit grote bouwwerk van de menselijke ervaring. Maar wie kan voorspellen wat zich op een dag zal losmaken uit het donker om ons te achtervolgen als een bange hond?

In de winter van 2009 verloor ik deze liefde voor verhalen die me tot dan toe had verwarmd, en er kwam onrust voor in de plaats.

Het was kort na de publicatie van een boek waarin ik vrienden, familie en ook mijn man Oleg had opgevoerd. Maar hij had bedankt voor de rol van muze, waarna we in een diepe crisis waren geraakt. In diezelfde periode berichtte mijn beste vriend me dat hij ongeneeslijk ziek was en dat we elkaar niet vaak en zeker niet onbekommerd meer zouden zien.

Winter dus. Het schemerde en ik stond voor het raam van mijn werkkamer in de 'boshut' waar we onze tijdelijke intrek hadden genomen, een huis waarover Oleg als beheerder was aangesteld. Een onevenwichtige en lelijke constructie, een goedkope vervanging van een boerderij die op het grondgebied had gestaan, zonder karakteristieken (alleen de stallen waren gebleven), zodat je gerust kon stellen dat wij er de enige originele objecten in waren.

Ik had amper meer gewerkt sinds mijn Rotte Boek, mijn Gemene Boek, mijn Slechte Boek, schrijvend 'zonder moraal of geweten'.

De achterliggende weken waren van een zekere hardheid geweest. Met dagen op rij van beschuldigingen, bittere stiltes, gemene opmerkingen en mijn huilbuien, die doortrokken waren geweest van een smorend zelfmedelijden. Waarna ik geprobeerd had mezelf te helen met het kijken naar National Geographic-documentaires, en met lange wandelingen door de sneeuw, die overvloedig was blijven vallen in die periode. Gulle, gulle sneeuw. In zulke grote hoeveelheden dat ik vergat wat ik ermee moest doen nadat ik sneeuwpoppen had gemaakt, mijn tong had uitgestoken om de vlokken op te vangen en had toegekeken hoe onze jonge kater Jevgeni in zijn eigen pootafdrukjes was teruggekeerd over het witte veld. Vlok na vlok na vlok... opgestuwd tot torens voor het huis. En niemand om mee te praten sinds ik gestopt was met schrijven, behalve met brieven aan de stervende vriend, maar ik zei niets over deze brieven. Ten minste één persoon die het fijn vindt wat van mij te horen en berichten te ontvangen van mijn Nova Zembla, dacht ik. Want een Nova Zembla was het, en ik zat op een rantsoen dat nauwelijks genoeg was om te overleven. Oleg liet me weliswaar toe in het bed, maar dat was kil als een toendra. Ik verliet het halverwege de nacht om de tegenovergelegen kamer in te glippen. Mijn werkkamer, haha, waar ik niets uitvoerde, maar naakt, terwijl snot en slijm uit mijn neus liepen, gezeten als een dwerg of een antieke Chinese boeddha op de vloer van pijnboomplanken die daar maanden eerder door hem was gelegd (toen we nog droomden over wat deze plek kon worden), pagina voor pagina uit het boek trok. Hele hoofdstukken rukte ik uit het kleine monster dat ik had gemaakt, zelfs plukken haar uit mijn eigen hoofd, tot mijn pols pijnlijk bonkte en klopte.

Wat had schrijven me gebracht (vroeg ik me af) behalve verlies van warmte, zorg en tederheid?

Hoe ik mezelf moest verdedigen!

Zelfs een cartoonist die me voor een tijdschrift tekende had me troebele oogjes gegeven, zonder licht in de pupillen, alsof ik niet menselijk was. En niets gevoeld van de liefde, en geen kruimeltje plezier voor de arme kleine schrijver, zelfs geen geld om van rond te komen.

En niets overgebleven van die ooit zo mesmeriserende geur van boeken, van het plezier en genot van het schrijven.

'Per aspera ad astra... jij hebt mij verraden, verraden...'

Deze woorden van Oleg bleven hun wrikkende werk doen. Je bent een bedriegster. Je begeeft je onder de mensen, onder je eigen vrienden en familieleden, maar onder je arm, of in een schaduwrijke holte, spleet of kier, verberg je je rattige aantekenboekje... Als een griezelig wezen, een ultrabitch, schuif je de gangen van onze gedeelde wereld door. (*There's a killer on the road, his brain is squirming like a toad.*)

Zie je, ik had iedereen kwaad gemaakt. En wie niet kwaad was, was dood.

Rouw dus, en pijn en zelfverwonding, en het intense uiteenrukken en verscheuren van de boeken. Tweeëndertig exemplaren en nog maar één te gaan. Waarbij ik me voelde als een van Hendrik VIII's ter dood veroordeelde vrouwen.

King Henry, to six wives
He was wedded
One died
One survived
Two divorced
Two beheaded

Eenzaam en bitter zijn de gekrenkten.

Dat Sméagol-achtige wezen in die kamer? Dat was ik, toen ik op die laatste dag van het jaar voor het raam van mijn werkkamer stond en naar de zwaaiende takken van de bomen en de twee donkere figuren buiten keek. Oleg, slanke en kaarsrechte gestalte, bezig met het in de grond steken van zijn zelfgemaakte fakkels aan weerszijden van het pad, en mijn tien jaar oudere broer Max, die met een stok in de vuurkorf porde (verheugd, net als ik altijd, om dicht bij het vuur te zijn en te zien hoe het knabbelend aan zichzelf groeide en bewoog).

Ja, onrust, vanaf het moment dat mijn jongste zusje Libby belde om te zeggen dat ze die avond niet zou komen om oud & nieuw met ons te vieren; er was een ongelukje met het vuurwerk gebeurd en zij en haar vrouw moesten met hun zoontje naar het ziekenhuis. En ik luisterde naar het roffelen van mijn hart aan het begin van wat ik nu als de lange winter van ons ongenoegen beschouw. Toen we in onze familie allemaal patiënten werden, lijdend aan onduidelijke ziektes en ingewikkelde symptomen. Terwijl ik leefde in dit huis aan de rand van het bos dat geen huis was, eerder een schuilplaats, een vluchtplek tussen de bomen, waar ik mezelf verborg, zoals de konijnen zich verscholen voor kater Jevgeni. Al wist die ze moeiteloos op te diepen uit de struiken. Door het kattenluikje sleepte hij ze naar binnen, hij peuzelde ze op zijn gemak op in de hal en liet voor ons het gelukspootje achter. Of een oneetbaar stukje van de ingewanden. Oleg was 's ochtends steeds de eerste die het abattoir betrad en zijn best deed het met Cillit Bang weer te laten lijken op de ingang van een woning, maar een woning was het niet, zoals ik al zei.

Een tijd waarin alle banden werden verbroken, alle beloftes van trouw geschonden. Toen Libby pillen slikte ('Doe mij nog een diazepam, doe mij nog een diazepammetje...') en haar vrouw Dana Kidd (die zich in andere huizen had uitgestrekt in andere bedden) met een blauw oog aan de kersttafel had gezeten.

En toen mijn broer Max zijn intrek nam in mijn werkkamer, waar hij vanaf nieuwjaar sliep op een smal logeerbed. Na meer dan vijfentwintig jaar was hij weggesaneerd uit zijn werk en huwelijk. Zijn vrouw had hem ingeruild voor hun hondentrainer.

Hij arriveerde op een zondagavond, zijn gezicht overtrokken met de psoriasis die door mijn moeders genen met rekenkundige precisie aan haar tweede, vierde en achtste kind was doorgegeven. Een aandoening die verminderde als de zon huidlaag voor huidlaag afpelde, maar die in tijden van tegenslag ('Wie wil me nu nog...! ik ben al negenenvijftig!') gloeiend uitdijde tot een scharlakenrood masker met zilveren vlokken die soms zelfs zijn oogleden bedekten en dan voor gemene ontstekingen zorgden. Zonder morren schoof hij zijn attachékoffertje (tandenborstel, laptop, ondergoed) en telescoopkist tegen de schuine wand en ging liggen op de stretcher.

’s Ochtends wekte ik hem met een mok instantkoffie en voelde ik me eventjes warm en moederlijk, maar verder ging ik de ruimte niet binnen – hoewel ik het in het begin prettig had gevonden om in die schaars verlichte kamer, die ik had gemeubileerd met een donkerhouten tafel op gebogen Louis Quinze-poten (een stuk dat ik had opgepikt uit het Emmaus, daarop een wit spotje, erachter een IKEA-bureaustoel), uit te kijken over de naaldbomen op het lapje grond ervoor. Aan één kant begrensd en afgesloten van de wereld door de provinciale weg, waarover de auto’s in de namiddag hun rode of geelwitte lichtserpentines trokken, hun autobanden sissend als het wegdek vochtig was of nat; aan de andere kant door de hoge struiken en sparren die de toegang vormden tot het bos. En me kalm te voelen, tevreden, of gewoon een beetje prettig verlaten. (Hoewel ik dat toen nog niet was.)

Een tijd waarin ik niet schreef, maar de fysieke noodzaak voelde om me te omringen met boeken, die ik in grote hoeveelheden bestelde bij Amazon en Bol, terwijl Oleg zich boog over zijn zelfgemaakte kasjes, waarin hij snijbiet (blitva) kweekte, tomaten, radijsjes en sla. En waarin Libby belde, Libby belde. Om te zeggen dat haar hart ditmaal echt was gebruikt als kattengrit... Dat het ditmaal echt aan een roestige spijker was opgehangen...

Waarbij ik haar steeds weer voor me zag zoals ze na kerst in het midden van onze kamer op de grond had gezeten, bedekt met de as van haar kapotte huwelijk. Handenwringend, haar gezicht hol, haar mond het zwarte gat van een no-masker. Voor de eettafel waarover Oleg en ik elkaar na het kerstmaal brandende waxinelichtjes hadden toegesmeten, die tranerige striempjes hadden getrokken over de bloedrood gesausde wand (sfeer!) en twee Japanse houtblokprenten. 'Hoe was het mogelijk, zoveel bedrog? Liegen en bedriegen, *beide*!'

Denkend dat het altijd zo zou blijven dat Oleg naar me grauwde, en Libby me zou bellen om te zeggen: 'Ik heb haar gezíén, Dana Kidd... in dat huis... haar auto, ze was daar, bij die *ander*.' Of dat mijn mobiel zou trillen in het holst van de nacht: 'Ik heb erover nagedacht; ik denk niet dat ze het verdient te léven...!'

Toen mijn goede vriend stierf,

Songs for Herring

Once upon a morning
a herring came along
silent, silken, shy
on to the shore it came
wearing a suitcase
tied around its slender waist
a sorrowful expression on its
fishy face
something tender and
melancholic in its, yet manly,
gaze
'I seek for shelter,' muttered he,
his voice sounding rather soft
'a house or an apartment, a
private space, a loft,
I am a wealthy fish and I am
willing to pay,
as long as you can offer me a
safe & silent
place to stay'
'Well, come along,' I said
'Come along with me,
if you are able, if you can,
I have been lonely and

waarna het schaakspel dat Oleg en hij hadden gespeeld onafgemaakt op de piano bleef staan. En de hoge grijze, haastig getimmerde wandkasten zich vulden met boeken, maar ik niets meer schreef behalve (melodramatische) dagboekaantekeningen en Haringliedjes, die ik postte op Facebook.

Zodat het zich nu, terugkijkend, lijkt te hebben afgespeeld in één uitgerekt seizoen waarin wij allemaal harder, taaier en minder vriendelijk werden, terwijl de sneeuw dik en hecht als deeg op ons neerviel en de Grote Recessie om onze harten, levers en nieren vroeg.

Al was feitelijk het hele land in beweging en op zijn hoede. Grieven laaiden snel op, werden haastig, massaal gedeeld, en stierven dan weg, niets achterlatend, zo leek het, dan de rode snippers van nog niet volledig afgestoken vuurwerk, en groot gevaar voor de enkeling die tussen de restjes op zoek ging naar wat nog niet was ontploft. Sommige gebeurtenissen veroorzaakten een schok, een ge-

for a while
I have been searching
for a man'
'I am no man, but fish,' he said
in a friendly voice
'Well, in that case, you gentle
fish,
you leave me no other choice
You can be my tender dish,
and we'll be intimate that way,
rest in my mouth, sweet fish'
Oh, he tasted good, he tasted
humble and fertile
and, oh, I had been lonely, I
had been lonely for a while...
He tasted true and good, and
I cried bitterly
when he was gone,
leaving only a salty aftertaste
on my tingling tongue
a faint and salty residue,
just like that of a gentle man...
and now it seemed a bitter
waste,
that I had spent a good &
honest being
with my greedy haste & taste
I had spent my fish
and now I walk

lonely to the shore
cause silver slender fish like
that come only once
and nevermore...
Yes, I should have known
much better
than to mistake him
for a dish
and I weep bitter, bitter tears
for my tender fish

meenschappelijk moment van schrik en zorg, maar ook die schokken verveelden snel, werkten uitputtend zodra het moment voorbij was. Je raakte eraan gewend, terwijl je je bewoog van de ene stemming naar de andere, en elkaar aankeek met toegeknepen westernoogjes, van de ander een berekening verwachtend die je bij jezelf ontkende.

De enige onderbreking was een incidenteel bezoek van onze laatst overgebleven huisvriend, de zilveren surfer Sebastiaan (voor wie in deze context verder geen ruimte zal worden vrijgemaakt), bejaard taalkundige in ruste, die voorovergebogen over zijn fietsstuur als een schicht uit de bossen tevoorschijn schoot, vooruitgegaan door zijn kleine palfreniers, de konijnen die aan weerszijden van zijn fietsbanden opzijsprongen. Hij bracht ons geschenken in een plastic tasje. Dvd's en in eigen beheer uitgegeven dichtbundeltjes en dunne prozawerkjes die hij me hoffelijk, met twee handen, overhandigde, en die ik ongelezen terzijde schoof en pas jaren later zou openslaan.

Neem me niet kwalijk dat ik zo lang over mezelf aan het woord ben. Ik voel dat ik moet vertellen wie ik was en wat ik heb willen zijn voor ik trapsgewijs kan afdalen naar ons eerste onderkomen. Waar ik aan herinnerd werd in die (sombere) dagen waarin een oude, vertrouwde drum steeds luider klonk.

Ja, onrust, en alarm... en toen ontbranding.

Henne Vuur

Op 13 november van het jaar 2015 viel Henne Vuur van de trap en stierf, enkele uren vóór een groep uitgaande jongeren in de Bataclan te Parijs voorgoed weerhouden werd van verdere onschuldige uitstapjes.

Henne Vuur was mijn zus. Mijn moeders eerstgeborene.

Ze lag onderaan de trap en weigerde de ambulance. Ondanks aandringen van arts en ambulancemedewerkers om zich te laten opnemen in het ziekenhuis, aangezien ze ernstig ondervoed was en uitgedroogd.

Ik had haar in geen jaren bezocht en wist niet eens wat haar adres was. In mijn leven was ze weinig meer dan een terugkerend moment van bespotting op onze jaarlijkse Familiedag van de Doden. Moest je ze nou eens zien: die moeder, altijd en eeuwig met haar volwassen zoon in zijn hakke-hakke-puf-puf-invalidenwagentje. Deed het niet denken aan *Psycho*? Wat een bizar en ongelooflijk paar!

Henne Vuur was negenenzestig jaar oud toen ze viel. Geen piepkuiken, en niet bepaald, om met de woorden van mijn vader te spreken (die toen al veertien jaar dood was), 'in de wieg gesmoord'. Sinds de eeuwwende leidde ze een schaduwbestaan in haar tweekamernieuwbouwhuisje met cementsluier. Een seniorenwoning aan de rand van Nieuwegein, ooit opgezet als droomplek. Een geweldloos, pijnloos suburbia, met gras zo groen als in *Blue Velvet*, waar onze moeder halverwege de jaren zeventig (met ons) haar toevlucht had gezocht.

Toen ik Henne zag na haar onfortuinlijke buiteling leek ze op een vogel, haar neus benig omhoog, haar handen als klauwtjes. Ze droeg een groene jurk.

Mijn zus, ik haast mezelf dit te zeggen, vertegenwoordigde geen economische waarde en droeg al jaren niet meer bij aan de staatshuishouding. Haar erfenis bestond uit een bankrekening met een paar honderd euro, wat (dans)kleren, porseleinen beeldjes, een handvol meubels, en een asbak met peuken van Pall Mall en Belinda. Het huis was in één ochtend leeg. Zelfs de ruimte die ze fysiek innam was tot een minimum teruggebracht.

In mijn jeugd was Henne Vuur (zestien jaar mijn senior) een vanzelfsprekend symbool van vrouwelijkheid geweest. Een ekster, dol op glitter, met getoupeerd haar, versierd met sjaaltjes. Samen met haar zus Toddie (één jaar haar junior) en onze moeder vormde ze een bastion: *The Holy Trinity of Smoke*. Kwamen wij, de jongste kinderen, uit school, dan zagen we hen in hun paleis van nicotine, terwijl het in de achterkamer krioelde van hun kinderen, onze neefjes en nichtjes. Op schooldagen op het Schimmelplein in Utrecht bleven mijn broertje Kaj en ik 'over' bij Henne. Ze maakte lammetjespap voor ons. 'Wil je een appel, poef, daar gaat-ie.'

's Zomers smeerde ze in haar bikini ons brood. Daarna strekte ze zich uit in een oranje canvas klapstoel die net paste op het plaatsje dat naar schimmel en mos rook, en was het alsof ze uit Napels naar dit klamme land was verbannen.

Ik weet vrijwel zeker dat Henne in haar jeugd nooit werd gezien als meer dan er-leuk-uitziend, net als Toddiewoddie. In zekere zin waren ze door mijn op straat gegooide moeder in haar nieuwe huwelijk ingebracht als twee stukjes fruit. Toen mijn ouders eind jaren vijftig met elkaar trouwden, was Henne vijf, Toddiewoddie vier. Mijn vader, HEHH, Henri Elias Henrikus Holbein, amateur-beeldend kunstenaar, gesjeesd seminarist, gelovige en (ex-)gevangene, werd hun stiefvader, jaren voor hij ons, de jongsten en nakomertjes, zou verwekken en zich via avondstudies zou opwerken tot wiskundige, wetenschapper, statisticus; tot een gerespecteerd burger en pater familias met een uitstekende baan.

Hij was tevens een getroebleerde, diep beschadigde man (ik kan en durf dat nu te zeggen) met driftaanvallen, die een ongepaste uitweg zocht voor al zijn emoties en verlangens, pijn en krenking bij zijn (stief)dochters.

Mijn vader groeide op in de crisisjaren, tijdens de grote depressie na de Eerste Wereldoorlog, in een familie die niet onwelwillend stond tegenover fascistische sympathieën en ideologieën. Hoewel er nooit een duidelijke keuze werd gemaakt, moet een imprint welke levens ertoe doen zijn achtergebleven in zijn denken. Hij was erg specifiek over vrouwen. Zij vertegenwoordigden lichamen, schoonheid en de veiligheid die hij zocht. HEHH miste een warme moeder, en was toegewijd aan Maria op een manier die ons tot wanhoop dreef. Zijn ogen glommen van sentiment als hij sprak over het mirakel: hoe ze zonder erfzonde ter wereld was gekomen, geboorte gaf aan Jezus *en* maagd was gebleven.

Wij, de kinderen in het huishouden, waren van hem. Hij kleedde ons, voedde ons, verdiende zijn geld voor ons, negeerde ons. Toen hij een hoge leeftijd had bereikt, werd hij door Henne vriendelijk verzorgd. Alles in overweging nemend stierf HEHH tamelijk vredig. Helemaal niet zoals Henne Vuur. Op het moment van zijn dood was zij even oud als ik nu. Gescheiden, maar haar zoon nog niet invalide. Mager, maar nog niet griezelig uitgemergeld. Een mooie vrouw, die haar haar verfde in het zwartste zwart. Bij gelegenheid was ze haar stem kwijt. Er waren weken dat ze amper geluid voortbracht, maar niemand miste haar stem, al waren we ook beroofd van haar lach, die ik me nu wel herinner. Voorovergebogen, haar handen op haar knieën, bracht ze een diep geluid voort. Hoe dan ook, ze was zorgzaam voor HEHH in zijn laatste jaren en was daar trots op. Ik neem aan dat ze hem waardigheid gunde.

Henne zou het niet op prijs stellen dat ik haar noem en dit schrijf.

‘Ik ben voor niemand bang,’ zei ze en sloot zichzelf op in haar woning. En, trots: ‘Ik heb altijd alles helemaal alleen gedaan.’

Henne Vuur gaf me mijn eerste beha. Ik was twaalf en stond onder de hanglamp in mijn fonkelnieuwe slaapkamer. Ze had mijn moeder geholpen met de keuze voor het behang en de vloerbedekking: vrolijke jarenzeventigkleuren, oranje en paars (we zouden een nieuw leven beginnen), en overhandigde me het nachtblauwe wonder waarvoor ik nog geen borsten had. Na haar scheiding, haar man hield er een vriendin op na, kelderde haar inkomen. Ze had geen opleiding, niemand had die ooit nodig gevonden, verhuisde naar een woning voor zich alleen, waar ze later zorgde voor haar zoon. Daar hoort een verhaal bij. Onze neef werd pas invalide in haar huis. Hij was er als volwassene na zijn scheiding depressief naar teruggekeerd met behoefte aan moederlijke zorg. Zonder baan of een prettig karakter, hoewel de hersenpropbloeding hier verandering in bracht. Hij kreeg een trombose omdat hij maandenlang onbeweeglijk op de eerste verdieping in bed lag. Toen was er een bonk en lag hij tussen het bed en de muur. Een peertje op sap noemden we hem daarna, helemaal week en zoetzacht. Ze duwde hem de trap op, tree voor tree, elke avond.

Hij werd ronder en vleziger terwijl Henne gestaag dunner werd. En dun was ze altijd geweest. Het soort dun waarvan iemand als Trump houdt. Je weet wel, niet te veel vlees aan een vrouw, behalve een paar geleitieten, nooit te veel ruimte, te veel luidruchtigheid.

Woede, soms voel ik dat die nooit zal doven, dat het een voorgoed brandende toorts zal zijn. Een paar jaar na de intrek van deze zoon werd ze gekort, omdat ze de weelde van haar huishouden immers kon delen met haar zoon, die zich op geen enkele wijze geroepen voelde ook maar één euro in te brengen. Hij dineerde buiten. Bij Van der Valk. Hij reed erheen in zijn karretje en vergat nooit het dessert.

Daar roddelden we over toen we ervan hoorden.

Henne Vuur zei niets. Ze kon formidabel zwijgen.

Ze zweeg over HEHH, die ook haar toen ze nog een meisje was in zijn gedaante van Minotaurus moet hebben bezocht. Over haar biologische vader, die eens aan Toddie had gevraagd of hij haar slipje mocht zien.

Ze rookte gewoon als een schoorsteen en minderde met eten.

Ze lachte, danste na haar scheiding nog een aantal jaren en volhardde in haar zwijgen met een heimelijk trekje om haar mond.

Ze was oud, ik *vond* haar oud. Ze was arm, alleenstaand, had geen baan.

Ze was mijn levende, ademende nachtmerrie.

'Alsjeblieft, lieveheertje, laat me nooit worden als Henne.'

Ze kon lachen als een hyena. Maar ze was geen heks, zoals de kinderen in de straat naar haar riepen.

Ze was op zichzelf, gesloten.

Is dat niet keurig? Wie houdt er van een hysterica? Van een *nasty woman*?

Op de avond van haar dood werden negentig jongeren neergemaaid in de Bataclan, en durfde ik de horror van haar bescheiden dood niet in te laten dalen.

Ik sta met het bosje witte rozen aan haar paarse zigeunerinnengraf, dat klein en smal is en o, founding fathers, mijn woede is zo groot dat ze de wereld zou kunnen verwarmen.

'*Grab 'em by the pussy.*'

Gooi ze uit hun banen.

Laat ze zorgen voor hun ondergepiste ouders, hun kinderen.

Stop er een piemel in.

Ik voel mijn woede groeien, vormenrijk worden als een Jeroen Bosch-schilderij. Kalmeer. Word meesteres over je woorden. Kijk naar je woede, het oranje en goud, het koele blauw. Dan is ze op haar heetst, kun je het ijzer erin smelten...

Henne Vuur verstookte die van haar inwendig, als een stuk bruinkool. De laatste keer dat ik op haar wilde lijken was in 1975, ik had net dat behaatje gekregen.

Daarna moet ik zijn gaan rennen.

Waren er vanaf 2008/'09, in de lange winter van ons ongenoegen, de nodige onprettige en dramatische voorvallen in onze familie en vriendenkring, en had ik, een schrijver, het Zijlstra-vonnis moeten accepteren, ik denk dat we ons pas in 2015 realiseerden dat wij, 'de jongsten', de wereld al evenmin hadden veroverd en dat we op een bepaalde manier waren samengesteld uit een veelvoud van onmogelijkheden. Oleg, mijn buitenlandse echtgenoot, de economische drop-outs van onze familie, de verstandelijk gehandicapte broer, de zieke die niet thuis durfde te blijven vanwege zijn baan en de prikkende oogjes van de zorgverzekeringsmaatschappij, ik met mijn mond vol implantaten die erin bleken te zijn gezet door een beun, en arme verlaten Toddiewoddie, zonder man maar met een paarse konijntjesvibrator, huilend om het verlies van haar zus.

Nou ja, wij allemaal: de misfits, buitenbeentjes.

Ik zag Henne niet vaak, ik zag haar zelden – die ene keer per jaar dat we HEHH herdachten in een Nieuwegeins restaurant.

'Als je niet eet, weet je wat er gaat gebeuren,' zei ik.

Dat waren mijn laatste woorden aan mijn zus.

Ze lachte naar me, een raadselachtige glimlach, en liet haar soep onaangetast. Haar voedselinname liep al jaren terug. Zodat we ons zorgen maakten, maar op een haastige, geïrriteerde manier. Zie je, we hadden te kampen met onze eigen teleurstellingen. Ik vond het niet leuk om een parasiet te zijn.

'Eet, godverdomme, als je niet eet, ga je dood.'

We waren toen al gestopt tegen haar te zeggen dat ze een baan zou vinden, dat ze welvarender zou worden, een man zou ontmoeten, een tweede leven zou kunnen leiden.

En daarbij, we waren ook niet erg dol op onze neef en op die hele situatie.

Henne Vuur wachtte op haar beloning tot ze achtenzestig was. Ik denk dat ze toen inzag dat die niet zou komen.

Ik sprak amper over de dood van mijn zus met anderen. Niet met vrienden. Niet met collega-schrijvers.

Schaamte.

Bovendien, wat kon Henne voor hen betekenen? Jezus, zelfs ik had haar in geen jaren bezocht. Net als voor Scrooge was ze voor mij een geest van een verleden waaraan ik geen behoefte had. Een herinnering waarbij ik uit de buurt wilde blijven. Zwart, opgebrand, een harpij.

Al droomde ik van haar. Met wapperende haren zat ze boven in een boom op een kale tak.

'Kssst!'

Ik probeerde haar te verjagen.

Natuurlijk is Henne Vuur niet haar echte naam. Isaac Bashevis Singer gaf die aan een van zijn formidabele in woede ontbrande personages en ik noem haar zo omdat dat is wat ze heeft gedaan, een vlam ontsteken. Op die 13de november vonkte ze langs elke tree van die trap als een lucifer.

Ja, Henne Vuur is van de trap gevallen, en hoewel de schrijver die ik was al haar krachten heeft aangewend om dit verhaal te onderdrukken, ik geloof dat ik zelfs heb geprobeerd het de keel dicht te knijpen, er de lucht uit te persen met mijn blote handen, heb ik geen andere mogelijkheid meer dan terug te keren naar een geschiedenis die ik dacht te zijn ontvlucht en die nooit alleen de mijne was, maar die van ons allemaal. Alsof we de wortels zijn van een plant, een enkel meanderend wezen.

Zie je, ik ben een van de kinderen Holbein.

Dochter van Henri Elias Henrikus Holbein.

De briljante architect van onze angst en opwinding, en grootmeester en regisseur van onze momenten van extreme verrukking en vrees.

Toneel en setting

Als kind verwonderde ik me al over de kronkelader van pijn en geweld die dwars door ons familieleven liep. Van de elkaar kaalpikkende vogeltjes in de vogelkooi van onze oudere broer Malle (zodat we onder hun gepokte huid de kidneyboontjes van hun snel kloppende hartjes zagen) tot de talrijke uitbarstingen en scheppingen vol geur, kleur en contrast die als tableaux vivants werden opgeslagen in ons kinderbrein. Schitterende belletjes van glas, die gefixeerd in ons familiegeheugen nog steeds krachtig in ons kunnen openspatten, en van mij, hun zelfbenoemde archivaris, vragen om de scherven op te nemen in nieuwe vertellingen en constellaties. Zodat ik me, om met Nabokov te spreken, kan bevrijden 'van de weelde van hun rijkdom'.

Er was een zekere overgave aan de angst. Zowel in het veroorzaken als in het ondergaan.

Bijvoorbeeld tijdens duistere spelletjes. Verstoppertje in het pikkedonker, onze moeder Anna Alida bleef beneden roken in het onverlichte huis en HEHH spoorde ons op in het zwart, zijn handen sloegen op elke trede van de trap. Wij, de drie jongsten (Kaj, Libby en ik), verborgen ons altijd op dezelfde plek: de met stofdotten gevulde hoek achter het bed van Malle. Wie als eerste zou worden aangeraakt zou sterven. Er was nachtelijk geschuifel in de gang, snuifjes, gesnik, gegrom...

De rituelen van Malle: een voet vooruit, twee passen achteruit. Zijn bezweringen: het roffelen met zijn vuisten tegen zijn borst, het harde bijten in zijn onderarmen. Trots toonde hij ons zijn tandafdrukken, vuurrood stonden ze in het witte vlees. ('Kijk eens, mooi hè, die heb ik gemaakt.') Er waren Henri's spreuken ('Vanitas, vanitatum, omnia vanitas', 'Hoe over 't brandend blind bazalt, vind ik den weg naar Lethe? O, alles te vergeten... eer de avond valt!') en zijn duimen die hard tegen de zijkant van onze schedels drukten als hij ons vertelde waar de mens het zwakst is, bij de slaap. Maar al dacht en peinsde ik erover, het hoorde allemaal bij de soort verbazing die je als kind ontwikkelt als onderdeel van je behoefte de wereld te leren kennen. Zoals je wel kunt nadenken over de handelingen en aktes op een toneel, maar niet per se over het verschijnsel 'toneel' of 'akte' zelf.

Daar komt bij dat ik was voorbereid op een bestaan binnen het raamwerk van de verbeelding. Geboren in 1962, in de ijskoude decembermaand van een legendarisch strenge winter ('De hele Noordzee was bevroren'), krap acht maanden na het noodlottige verkeersongeval waarbij mijn ouders hun jongste kind hadden verloren (een jongen, Tobias, die op het zebrapad in onze winkelstraat onder een achteruitrijdende betonmolen was terechtgekomen, en niet ouder dan zes jaar was geworden). Mijn geboorte een gebeurtenis die in de ogen van HEHH, mijn vader en verwekker, zo uitzonderlijk en wonderbaarlijk was dat hij zich hierdoor voorgoed verbonden wist met de Almachtige Schepper, de Eeuwige Opwekker en Doen Verrijzende. En die mij, de nieuwe levensvorm, gereedmaakte voor een leven binnen een even beklemmende als betoverende setting.

Toen wij (Kaj, Libby en ik) een aantal jaren later voltallig als nakomertjes de Holbein-wereld bevolkten, was die al uitgegroeid tot een tovenaarspodium. Een fantastisch spiegelpaleis waarbinnen HEHH er vaak gewag van maakte 'hartstochtelijk' van onze moeder Anna Alida te houden, met een overgave en passie waar wij met ons allen 'nog een puntje aan konden zuigen'.

Hij was nogal strikt in de distributie van zijn liefde.

'Eerst komt jullie moeder, dan weer jullie moeder... dan komt er *niets*... dan weer een hele tijd niets... en *dan* komen jullie.'

Al denk ik dat hij vooral van haar hield zoals veel mannen in die tijd deden en sommigen nog doen. Als van een ambachtelijk stuk vakwerk. Een goed gemaakt object van hoge kwaliteit. Ik weet niet of hij haar echt kende of de noodzaak voelde te ontdekken wie ze werkelijk was. Waar ze wel of niet van hield. Wat haar noden, verlangens of interesses waren, en het is de vraag of ze die zelf kende.

De muren van ons huis waren toen al behangen met afbeeldingen en olieverfschilderijen. Voornamelijk HEHH's kopieën van werken van grote kunstenaars. Manets *Olympia. Het Turkse bad* van Ingres. Eugene Delacroixs *De dood van Sardanapalus* (naar het toneelstuk van Lord Byron). In het afgebeelde tafereel zie je hoe de koning, die zelfmoord zal plegen (ik heb altijd gedacht dat hij ongeneeslijk ziek was), al zijn bezittingen laat vernietigen. Zijn harem, zijn slaven en zijn paarden. Zelf kijkt hij lui vanaf een divan toe, zonder een wenkbrauw op te trekken. De vrouw van wie de keel door een zwarte slaaf werd doorgesneden was nageschilderd tot mijn moeders evenbeeld.

Vragen stelden we onszelf niet over dit opgroeien tussen representaties van dit veelvormige naakt dat altijd en nooit, in eindeloze herhaling, onze eigen moeder was. En later wijzelf, de Holbein-dochters. Onze gezichten geplakt op één en hetzelfde geïdealiseerde lichaam. Ik weet dat we gewend waren aan de gretige blik van het geitenoog en ons best deden die te verdienen.

Van Henne en Toddie ontbrak toen al elk spoor. Het was alsof zij altijd al volwassen waren geweest, en hun kindertijd een zeepbel was. Een kort en aan het oog van de buitenwereld onttrokken spel van licht en glans, dat allang was uiteengespat toen wij hun oude kamer aan de achterkant van het huis betrokken. Ze waren getrouwd, hadden kinderen, leken niet gemist te worden.

Ik weet dat mijn vader ze niet erg slim vond.

'Te dom om voor de duvel te dansen' en 'zo stom als het achtereind van een varken' waren gevleugelde uitspraken over Henne en Toddie die wij tot ver in onze volwassenheid en tot diep in ons latere leven zo niet beaamden, dan toch met ons meedroegen.

Volgens mijn moeder was Henne een gesloten kind geweest, vol heimelijkheden. Nerveus en schichtig als een konijn. Altijd met een kwaaltje dat aandacht behoefde. En Toddie (volle mond, ronde ogen, krullend donker haar) al op jonge leeftijd behaagziek.

Mijn moeder was mijn vaders tweede begin en hij moet geweten hebben dat er geen derde zou komen. Ze was levendig en mooi als een te zware bloem, een amaryllis, door mijn vader gevonden en ontdekt als iets speciaals en geheims. De roos op de mestvaalt. Een kostbaar stuk porselein waar een scherf af was. Misschien wás ze de scherf. Hij had haar veroverd, meegenomen, het vuil van haar afgeveegd, in het huis van zijn eerste gezin geplaatst en Henne en Toddie vergezelden haar en er was overvloed.

*

Over de eerste ontmoeting tussen mijn ouders, hoe ze elkaar hadden leren kennen en een stel waren geworden, deden verschillende verhalen de ronde. In elk ervan speelden schijn en wezen, geld, aanzien/status en (de mogelijke toegang tot) een wereld van schoonheid en kunst een rol. Het beklijvendste was dat waarin mijn vader, destijds in dienst bij het incassobedrijf van zijn schoonvader, eropuit was gestuurd om beslag te leggen op de goederen van mijn moeder en haar eerste man.

We schrijven 1949.

Goedgekleed, in uitstekende schoenen en met een zwart gewolkte ordner in zijn hand, wandelde Henri Elias Henrikus Holbein, die de oorlogsjaren zonder grote kleerscheuren was doorgekomen, naar het opgegeven adres, belde aan, en Anna Alida deed open. Niet verrast, niet overdonderd liet ze hem binnen in de bescheiden woonkamer waar de peuters die mijn zussen zouden worden op een kleedje speelden. Ze zei dat er, zoals hij kon zien, niet veel te halen viel. Haar grijze ogen vonkten. Haar stem was aangenaam laag en doortrokken van een matte woede en hij nodigde haar uit voor een lunch. Een buurvrouw werd ingeschakeld voor de kinderen. Ze begaven zich naar een koffiehuis in de binnenstad. Daar zal ze over twee koppen koffie het doek van haar leven voor hem hebben uitgerold. De ontbrekende vader, de analfabete moeder, haar gestorven grootouders (grootmoe aan een ziekte toen zíj net veertien was, grootpa aan een delirium, voor de zwarte kolenkachel messen trekkend naar onzichtbare demonen). Het pietepeuterige woninkje in de Utrechtse wijk Ondiep (jarenlang slapen met haar ma in één bed, het circus Toni Boltini – 'als ik had gewild, had ik met ze mee op tournee kunnen gaan') en de oorlog (haar moeder die scharrelde en bedelde om voedsel in dezelfde straat waar ze als zestienjarige arm in arm had gelopen met een jonge Duitse Wehrmachtsoldaat). Tot slot het bombardement, de verwonding aan haar been, en het overhaaste huwelijk met de oplichter, die de enige was die haar in het ziekenhuis had opgezocht. ('Hij denkt dat elk idee dat hij heeft van puur goud is.')

Een grauw canvas waartegen mijn moeder met haar gezicht van een madonna glanzend moet hebben afgestoken; een met een waslaagje bedekte kerstappel (oneetbaar maar met de belofte van gezondheid, zoetheid).

Ik betwijfel of HEHH toen besefte hoe diep de sociaal-maatschappelijke kloof was die hen scheidde. Of misschien wist hij het heel goed. De vijfentwintigjarige Anna Alida zal zeker naar hem opgekeken hebben, deze verzorgde heer in zijn kamgaren jas. Een man die zich uitdrukte in volzinnen en de beslagleggingspapieren hoffelijk opzijschoof. Die de dag na de lunch aanbood om schoentjes te kopen voor haar twee dochtertjes. Oplettend en aandachtig had hij gezien hoe ze op vieze sokjes door het huis liepen...

Ik vermoed dat na een paar weken geheimzinnig leven met mijn moeder (gestolen uren in een hotelkamer, etentjes onder witte bollampen) de jaren met zijn eerste vrouw volledig wegzonken en niet meer leken dan onderdeel van een spel dat hij, Henri, had gespeeld om de tijd tot aan dit nieuwe, spannender, leven te doden, Anna Alida de vleesgeworden chaos waarbinnen hij kon ontsnappen aan de greep van zijn te strak gereguleerde universum. Een verplichting waarvan hij zich vóór de strop te vast om zijn nek zat, had willen bevrijden.

Wanneer mijn vader later wel eens sprak over de jaren met zijn eerste vrouw (wat hij bijna niet deed, zoals hij ook amper sprak over zijn eerste kinderschare), deed hij dat met koelte en verbazing. Alsof het hem ook onmogelijk leek dat hij had geleefd met de oudere taillelo-ze dochter van een niet onbemiddelde zakenman en in diens statige huis lange, lussige mannengesprekken had gevoerd – cognac, sigaren. Of dat er stroeve omstrengelingen waren geweest in een echtelijk bed van zulk zwaar hout dat het niet verschoven kon worden en deed denken aan een doodskist. Maar toen had hij Anna ontmoet, onze mooie moeder, mooie Anna.

Hoe mijn moeder Anna Alida met haar twee dochtertjes precies terechtkwam bij Henri in de woning met de dunne vloeren en papieren wanden, waar iedere beweging de lampen deed rinkelen en kalk van het plafond sloeg? Er zijn twee versies. In Henri's versie was er sprake geweest van een allesverzengende liefde en passie die maakte dat ze 'door roeien en ruiten' gingen. In de andere trok Anna Alida, die door haar man met hun kroost op straat was gezet, noodgedwongen in bij Henri en diens eerste vrouw, vóór die de benen nam. Waarna ze de niet bepaald vrijwillige stiefmoeder werd van zijn eerdere kinderen. In de jaren die volgden baarde ze er zelf nog zes. In 1951 Malle (die twee maanden te vroeg werd geboren en met een verstandelijk gebrek ter wereld kwam), in 1952 Max, in 1956 Toby, en ten slotte wij jongsten: ondergetekende (1962), Kaj (1963) en Libby (1967).

Met elkaar begonnen ze aan hun nieuwe leven, dat na Henri's onmiddellijke ontslag uit het bedrijf van zijn schoonvader (die not amused was) lang in het teken stond van een opklautering uit vreeswekkende armoede. Een waarin zijn droom van ononderbroken inspiratie en vrije schepping (muze voorhanden) dagelijks stuksloeg op de rotskust van de nieuwe werkelijkheid.

In deze naoorlogse jaren, dit aangevreten tijdperk van deelnemers, zwijgende toeschouwers en getuigen van een veel vreselijker werkelijkheid, waren er niet veel mensen die de behoefte voelden te graven en te spitten in het eigen innerlijk leven. Hoe graag wilde mijn vader een beeldend kunstenaar zijn. Hoe graag wilde mijn moeder een andere rol (een van belang) in de samenleving spelen. De Neurenbergprocessen waren afgerond, maar de oudste broer van Henri Elias rustte zijn nieuwgeboren zoon toe met de (tweede) naam Adolf.

En Henne van zes, tenger en bleek, en Toddie van vijf, mollig en goedlachs (wild en vol bravoure, zodat het leek of ze de oudste was), zaten elkaar achterna door de rommelige kamers en verstopten zich onder de bedden. Staarden naar de lange statige man met de helderblauwe ogen die Frans en Latijn sprak en hele lappen tekst uit de Bijbel en uit romans citeerde. En die zulke glanzende lakschoentjes voor ze had gekocht.

Mogelijk verwarde het Henri hoe snel de twee meisjes hem 'papa' noemden en zich voegden naar zijn hand en zag hij er een corruptie in. Een te snelle overgave, een verraderlijk en zelfs te minachten vertrouwen. Hun opvallendste eigenschap zal voor hem hebben gezeten in hun bijna onaardse aantrekkelijkheid, die hij op een uitgewerkte, aardsere en rijpere manier terugzag in onze moeder. Alsof ze twee loten had meegenomen. Twee tulpenbollen die geen ander doel kenden dan op een dag uit te komen en nog wat te groeien om op haar te lijken. Ik stel me voor dat hij een tijdlang verzot op ze was en niet genoeg kon krijgen van hun schittering.

Hoe ze op hun stoelen achter een bord zaten, een boterham in de hand. Hun schoppende blote beentjes, hun armen met de tere ronding bij de schouders. De onbeheerste gulzigheid waarmee Toddie at en het langzame trage kauwen van Henne. Hoe ze hun nieuwe woonplek verkenden; Toddie de commandant, directrice en aanvoerster, Henne achterdochtig, waakzaam, maar altijd volgend. Lang kan het niet geduurd hebben voor hij aan hun (her)opvoeding begon. Meer dan aan wat ook ergerde HEHH zich aan luidruchtigheid, aan 'onnozel en zinloos gegiechel' en slordigheid. Zaken die hij beschouwde als verstoringen van de minimale voorwaarde om te kunnen scheppen. Hij was een man van het tijdperk van het genie en het geloof in de vrijstaat die genialiteit heet, en hij verdroeg beslist niet dat die werd aangetast door het gewone, menselijke, kinderlijke en banale. De enige van wie hij dit accepteerde was Anna Alida, onze moeder.

In vergelijking met haar zullen Henne en Toddie nauwelijks echt geleken hebben. Zo jong als ze waren zal hij iets flets en onomlijnds in ze hebben gezien. Alsof de contouren van hun leven te vroeg van vorm waren veranderd. HEHH zag zichzelf graag als een estheet, iemand die in alles zocht naar schoonheid en harmonie. Naar een evenwicht dat schuilging in formules die je moest ontcijferen en codes die je kon kraken.

Maar Henne sliste en had vaak een loopneus. En Toddie kon haar naam nog niet lezen.

In het begin zal zijn ergernis hem ook zelf verrast hebben. Het gloeien van zijn wangen als ze hem niet begrepen, niet deden of maalden om wat hij vroeg. Als ze kabaal bleven maken als hij om stilte had gemaand. Witte schichten van woede als hij niet serieus werd genomen. Hij bezat weinig humor en kon niet tegen spot. Werd hij ook maar iets gewaar wat in de verte leek op een kleinering, dan rommelde en donderde het in zijn psyche en waren we getuige van de explosie. Hoe hij een van ons ritmisch sloeg tot mijn moeder riep: 'Stop, je slaat haar hartstikke dood!' En het grimmige, in onze ogen bijna komische 'kanmenietschelen' dat erop volgde.

En net als wij zullen Henne en Toddie hem onderzoekend hebben aangekeken als hij onverwacht zijn stem verhief. Of in ondoorgrondelijke volzinnen zijn ongenoegen uitte. En later bijna vóór hem uit gereageerd hebben. Ieder op haar eigen manier. Henne zwijgend, met een naar binnen gezogen onderlip. Toddie uitdagend, haar handje met de vingers gespreid op haar linkerbovenbeen, haar kin omhoog.

Wie zal zeggen of hij zijn eigen optreden volgde, als de analyticus die hij ook was, en geïnteresseerd de effecten bestudeerde? Waarbij de hand die Henne en Toddie (en later ons) vormde en duwde, hier wat overtolligs wegsneed, daar wat meer prononceerde, hem weer in zíjn vorm drukte?

Er is een zwervende familieanekdote die ik al vaak heb opgevoerd en die als een diamant in steeds meer facetten is geslepen, zonder dat duidelijk is bij wie van ons Holbeiners ze eigenlijk hoorde. Volgens Toddie was Henne het lijdend voorwerp geweest, Henne hield vol dat het de onbeheerste Toddie was, en weer anderen uit ons huishouden beweren dat het mij is overkomen. Wat me na decennia pas opvalt: hoe vaak deze miniatuurgeschiedenis door de regisseur ervan trots werd aangehaald en als parabel ter stichting aan ons werd voorgelegd.

De piano in de sneeuw

Een donkergroen balkon, warrelende vlokken.

Een langgerekte grijze straat en stuivende sneeuw.

Koppig, in haar ondergoed, op een bevroren podium: een van de Holbein-meisjes.

Mijn moeder, handenwringend aan tafel: 'Laat haar binnen... laat haar binnen, Henri.'

Mijn vader: 'Een minuutje nog, Anna. Ik weet wat je denkt, maar als ik *nu* niet oplet, als ik *nu* geen paal en perk stel... De hele middag strijd en alleen maar kunnen denken in termen van mijn en dijn.'

Het pianootje was door mijn vaders zus Bettina opgestuurd: een vuurrood lakhouten exemplaar van de Duitse firma Schoenhut, en aan een van ons gegeven. Bij een ander, die eerder had beweerd het muziekinstrument niet te willen, was een bijtende jaloezie en twijfel over die beslissing ontstaan.

Het gekibbel was begonnen.

Lawaai, herrie, onrust. Het ene kind hamerde op de toetsen, het andere dreinde dat het er ook op wilde.

'Geef hier nou, ik wil, ik mag dat ook!'

Kleng! Klang! Kleng! 'Van mij', 'van mij', 'van mij'.

Hij rukte de Schoenhut 37-key day care durable (*three-octave span*) weg uit het paar handen.

'Van mij...?! Niet eens de lucht die je inademt is van jou.'

'Hij is van mij... Ik heb hem gekregen!'

'Werkelijk? Van jou? Zullen we het dan eens hebben over wat van mij is? Zullen we dat eens heel grondig bekijken? Eens zien... dat truitje en dat rokje die je daar draagt... en dat maillootje... die heb je van mij... die heb ik betaald. En die haarband, die schoenen... trek dat allemaal maar uit.'

(Exodus.)

In haar onderbroekje staat het kind tussen de vuilniszakken op 'het plat' (versie Henne).

Of naakt, op blote voeten, voor de huisdeur in de natte portiek (versie Toddie).

Twee keer is het een prachtig gezicht: het meisje voor de witbestoven melk en yoghurtflessen (die als een koor tegen het hek staan), het meisje buiten bij de groene voordeur van het huis. Met bleke wangen, de pruilmond donker, het scharlaken muziekinstrument tegen de harde buik en maag geperst.

Sneeuw die dwarrelt, sneeuw die stuift. Niet één sneeuwvlok is gelijk aan de andere.

En de filmmaker die kijkt naar dit alles en weet dat hij een onuitwisbare, intense herinnering creëert. Een kristallen meesterwerkje.

'Henri, zo wordt ze nog ziek...'

'Kan me niet schelen-kan me niet schelen.'

Of, in een tederder versie: 'Eén minuutje nog kan geen kwaad.'

Kort na haar intrek in de tochtige bovenwoning moet er een lome verdoving over onze moeder zijn gekomen, als bij een zwerfkat die een toevallige rustplek heeft gevonden. Zoals veel mannelijke kunstenaars zag HEHH haar graag als zijn muze, te 'bewaren' in een bescheiden (vergulde) kooi, die hij kon ronddraaien om haar te bewonderen en zich te laten inspireren. Wat niet wil zeggen dat hij zich niet hoffelijk, soms zelfs nederig of kruiperig kon opstellen. Maar dan zoals in de novelle van Sacher-Masoch, *Venus im Pelz*, als onderdeel van een theatraal, sadomasochistisch spel waarin zij hem 'beval' en hij zich 'liet bevelen', zonder dat er bij haar sprake was van een onafhankelijke positie of van vrije keuze. Misschien is dat in het algemeen wel minder vaak het geval dan we hopen of denken.

In de eerste jaren van hun huwelijk had Henri willen pronken met Anna Alida. Haar schoonheid was echter van zo'n klasse en beschaving dat haar gebrek aan opleiding, ontwikkeling en achtergrond er des te scherper tegen afstak. Juist omdat ze niet dom was – ze was intelligenter, sneller en beweeglijker van denken dan hij –, legde mijn moeder de kern van mijn vaders erotische verlangen en maatschappelijke onrechtvaardigheid bloot. Terwijl hij er in de jaren die volgden aan wende (toch sneller en gemakkelijker dan verwacht) om aangesproken te worden als 'de weledelgestrenge heer Holbein' en een man werd met een eigen kantoor en secretaresses die schuchter op de deur klopten met de vraag of meneer gestoord mocht worden, werd van haar verwacht dat ze tevreden bleef met haar leven als huisvrouw en met de toegenomen mogelijkheid om te winkelen. Na Henri's (aanvankelijke) sociale degradatie was het huis synchroon met zijn gestage klim gevuld geraakt met snuisterijen: beeldjes, vazen, spiegels, een verzilverd kapstel. Een satijnen ochtendjas voor mijn moeder. En met boeken: banden van Mauriac, Diderot, een met aquarellen versierde uitgave van Baudelaires *Les Fleurs du mal*, en kunstuitgaven (die later stuk voor stuk tot mijn erfenis zouden behoren). Wanneer hij haar de les las keek ze hem vanuit haar ooghoeken aan, trok de panden van de flessengroene peignoir strak, blies haar rook uit en schakelde met een venijnig plezier over op een plat Utrechts dialect. Die 'taal van de straat' waarin ze glorieerde en die vooral door Toddie gretig werd opgepikt.

Zo woedde er, ver voor mijn bestaan realiteit werd, in ons huis een oude klassenstrijd.

Gedeeld werd er niets. Door het huis liep een pad dat alleen door mijn vader werd belopen en waarover Henne en Toddie zich zeker niet mochten bewegen. Volgens de overlevering hadden ze niet om boeken, kunst of klassieke muziek gegeven. Ze hadden geen boeken, kunst of muziek gekregen. Ze moesten die verdienen, maar toonden geen interesse. 'Hersenloze creaturen, zeldzame stukken onbenul.'

Ze hielden van snoep.

Mijn hoofd over het glas in de sponning stekend aanschouw ik het tafereel. Hoe hij de twee meisjes in het begin zal hebben onderwezen. Beschaafd, behoorlijk gedrag: knieën tegen elkaar. Hun kleverige plakzoentjes zal hebben afgewezen (hun zachte armen rond zijn nek, de compactheid van hun bovenlichaampjes... in de eerste week al!) Hoe ze als twee mandarijntjes door het huis rolden, zijn schoot beklommen. Zich tegen hem aan vlijden. (Hij had wel iedereen kunnen zijn!) Hoe ze bereid waren elkaar in een oogwenk te verraden en de schuld te geven van kleine vergrijpen, aantastingen van het Holbein-bezit. Vingerafdrukken op een opgewreven tafelblad. Haren in een wasbak. Met hun vuile fikken aan zijn kostbare penselen.

'Kijk, papa!' (Een losse marterhaar.) 'Ik heb dat niet gedaan...'

Inbreuken op clusters van regels waarmee hij het dagelijks leven reguleerde. Ondanks zijn regie en onderricht bleken hun gedachten steeds opnieuw af te dwalen naar hun eigen onbeduidende wensen en verlangens. Chocoladehagel op brood (liefst meer dan de ander). Kleren, een stuk speelgoed...

Henne en Toddies eerste vader werd door mijn moeder altijd snuivend aangeduid als een belachelijke vergissing. Ook in het geheugen van mijn zussen leek hij weinig meer te hebben achtergelaten dan het beeld van een man met wijd uitstaande oren en strak achterovergekamd haar dat glom van het vet. Of van het hoofdeloze (want het was door HEHH met inkt doorgekrast en overgetekend) lichaam op een paar foto's.

Al hield Henne vol dat hij haar toen ze eens erg ziek was midden in de nacht had opgehaald, in een deken had gewikkeld en met haar naar de kust was gereden. Op het strand hadden ze samen naar de maan en de zee gekeken. Het waaide hard en ze moest overgeven, maar hij was heel lief voor haar geweest. Volgens mijn moeder was dit niet meer dan een verzinsel van de 'pathologische fantaste' die Henne van kindsbeen af was. Zoals de reactie van Toddie (die haar nu eens bijviel en beweerde dat ze er ook bij was geweest, en op andere momenten ontkende) een bewijs was van hun onbegrijpelijke jaloezie en altijd aanwezige concurrentiestrijd.

Wanneer weten we wie we zijn? En doet het ertoe?

Over de jeugd van HEHH is maar weinig bekend, en het weinige dát bekend is bestaat uit een samenraapsel: een hoopje splinters, restjes overlevering.

Hij was de eerste zoon uit het tweede huwelijk van een strenggelovige katholiek die in 1912, een jaar na de dood van zijn eerste vrouw, in het huwelijk trad met zijn huishoudster. Een dame die graag Frans sprak, in spreekwoorden en gezegdes grossierde, en op afgemeten wijze zorg droeg voor de negenjarige halfwees uit zijn eerste verbintenis. Geboren in 1914, in een tijdperk dat mannelijk, patriarchaal en door de kerk gedomineerd was, kwam mijn vader tot rijpheid tussen twee verwoestende wereldoorlogen. Grandguignols van geweld die in retrospectief zo sterk met elkaar verbonden lijken dat de tussenliggende tijd me soms niet meer schijnt dan de ruimte tussen de gelaarsde benen van een allesvernietigende reus. Zwalkend over de aarde en stampend op al het menselijke in deze eeuw, die door Huizinga 'de bitterste aller eeuwen' is genoemd.

Mijn vader sprak zelden over zijn jonge jaren. Eens zei hij dat er geen dag voorbijging waarop hij niet aan zijn ouders dacht. Maar waaraan hij dan dacht wisten wij niet; er werden geen herinneringen opgehaald. Zijn vader, een opa die ik nooit heb gekend, handelde als een van de eerste Nederlanders in automobielen en bezat een eigen garage. Na de beurskrach van 1929 ging het bedrijf meermaals over de kop. Een reeks faillissementen volgde, die weer een reeks van verhuizingen in gang zette. Steeds verkaste het complete gezin, dat inmiddels uit vijf kinderen bestond, op de vlucht voor schuldeisers haastig naar een andere gemeente.

Uit schaarse anekdotes kan worden afgeleid dat onze opa een driftige en weinig consequente man is geweest, die zijn personeel in de garage vloekend het vloeken verbood ('Als er hier gooooodverdommme gevloekt moet worden, dan doe ik dat gooooooooodverdomme zelf wel'), en dat onze oma van vaderskant, met de deftige Franse achternaam Lambremont, een fraai handschrift had bezeten.

Nee, hopeloos.

Tast ik op deze manier naar de jeugd van Henri Elias Henrikus Holbein, dan is het alsof ik mijn hand in een vijver steek waaruit het leven jaren geleden is verdwenen. Een enkele goudvis drijft op zijn buik voorbij, en uit het troebele water trek ik niet meer dan wat takjes en rottend gebladerte naar de kant. Maar kijk ik naar Luchino Visconti's *Ludwig*, *Das weisse Band* van Michael Haneke of Thomas Vinterbergs *Festen*, dan is het of de glaswand die de jeugd en jongvolwassenheid van mijn vader van de mijne scheidt in scherven uiteenspat, en of ik wat geweest moet zijn zo scherp waarneem alsof ik erbij was. In dat huis met strenge donkerhouten kasten, met in leer gebonden boeken achter glas. Eén meisje en vier jongens (hun haar opgeschoren in de hals) zitten kaarsrecht aan een eettafel van niet te tillen gepolitoerd hout die tegen etenstijd gedekt wordt met een maagdelijk wit laken. Ik voel de luchtstroom bij het klapwiekende uitslaan van het damast. Een man met een lang gezicht en zorgvuldig onderhouden snor (die aan de randen geel verkleurd is door het roken) bevindt zich in een maatpak aan het hoofd van die tafel. Zijn blik is vorsend, keurend. Hij duldt geen tegenspraak, deze mens die aan de vooravond staat van de nieuwe Herrenkultur. In de badkamer met marmeren wastafels ruikt het naar mos en mint en in het uitgefreesde zeepvakje ligt een varkensharen nagelborstel. En over al het denken, voelen en (geheime) handelen in het huishouden ligt het waslaagje van een somber, duister katholicisme, waaronder het de levende wezens verboden is zichzelf te zien of aan te raken, en ieder vertoon van affectie een zwaktebod is. Een wereld die in de ogen van veel van mijn generatiegenoten karikaturaal, stijf en onoprecht aandoet. De krampachtige verbeelding van een geritualiseerd bestaan. Werd er wel eens gelachen? Was er in het jugendstilpand uit 1906 met de twee swastika's in het gevelmozaïek wel eens ruimte voor een opwelling, een verrassend idee? Van wie had HEHH eigenlijk zijn tekentalent? Ook in het huis van een van de broers van mijn vader (die wij maar één keer hebben bezocht, omdat mijn vader zich met zijn huwelijk met Anna Alida buiten de orde had geplaatst en sindsdien amper contact met zijn familie onderhield) hingen schilderijen aan de muur. Kleurrijke landschapjes in oker en groen, gemaakt door deze oom die met een uitgetreden non was getrouwd en mij, enkele jaren na de dood van HEHH, weigerde te ontvangen, omdat ik 'vieze' boeken schreef.

Dit is wat ik met zekerheid weet. Na een aantal jaren aan het grootseminarie in Rijsenburg, toen een van de bolwerken van het Nederlandse katholicisme, en na verschillende baantjes (schoenverkoper, vertegenwoordiger, ijscoman) en een huwelijk dat kort na uitbreken van de Tweede Wereldoorlog was gesloten door middel van een contactadvertentie, zocht de zesendertigjarige deurwaarder Henri Elias Henrikus Holbein zijn toevlucht in de armen van Anna Alida, de vrouw die onze moeder zou worden. Vanaf dat moment bouwde hij aan zijn erotisch universum. Een cryptisch bouwwerk. Zijn seksuele fantasmagorie.

Wanneer werd HEHH de Minotaurus?

Hoe moeilijk het ook is toegang te krijgen tot de jongeman die mijn vader moet zijn geweest, en hoe eenvoudig het is te vergeten dat ook zijn jeugd eens een open ruimte was, grond die nog beplant moest worden, ik besef dat hij net zo gebeeldhouwd is door zijn tijd en het gevolg is van wat door de samenleving mogelijk werd gemaakt als Donald Trump, ondernemer-president nu.

Het was altijd HEHH die zich met ons bezighield, zich bemoeide met onze tafelmanieren en ons na het eten in bad deed in een met melkachtig licht bestrooide ruimte, waar we ons met een achteloos gemak en gebrek aan schaamte aan hem vertoonden en onze glibberige voetjes naar hem uitstaken. Ter verdediging: na het verschrikkelijk ongeval dat zowel de schedel als het leven van onze jonge voorganger Toby had vermorzeld, mijn vader degene die hem had moeten identificeren, was het HEHH die voor ons 'jonkies' een dubbele ouder werd. Hij zorgde voor ons lichaam en leek de aanwezigheid ervan te waarderen, terwijl onze moeder door onze onstuitbare behoeftes (aan voedsel, reiniging, streling, zuurstof) verstoord leek, en zich er in de rouw om wat haar was ontnomen niet aan kon overgeven.

Daar tegen de deur geleund, een ruwe handdoek in de handen, zal de man die onze vader is geweest zich vast en zeker hebben afgevraagd of er niet iets obsceens zat in de manier waarop wij menselijke wezentjes voorovergebogen, zodat ons geslacht niets te raden overliet, in het vlokkige water naar een zeepje zochten, of giechelend en glad als aaltjes langs elkaars ruggen naar beneden gleden. Waarbij het water overvloedig over de badrand spatte en hem drijfnatte voeten bezorgde.

In dit huis, dat er aan de buitenkant zo onopvallend uitzag, deze eenvoudige bakstenen woning met slechts één gashaard in de erkerkamer, een onverwarmde achterkamer en bovenruimtes, een buiten dat 'het plat' werd genoemd, en twee steile trappen (die in mijn rijk geornamenteerde dromen Escher-achtig verschijnen en verdwijnen in een peilloos zuurstofloos blauw), leerden wij de Minotaurus al vroeg kennen.

En werd, in een even eigenzinnige als in zijn tijd mogelijk gemaakte verknoping van het christendom met de vergoddelijkte mens en de Kunstenaar als scheppende macht, HEHH heer en meester over de paarden, pionnen, torens en lopers... en nu en dan de dame. Dit huis een speelveld waar al het gedachte, gewenste en gevreesde werkelijkheid kon worden.

*

Anders dan mijn moeder of zussen was ik nooit uitgesloten van de wereld van kennis, kunst en wetenschap. Integendeel, ik werd uitgenodigd. Getooid met de bruidssluier van mijn geboortevertelling ('midden in de winternacht ging de hemel open', 'laat de citers slaan, blaast de fluiten aan, laat de bel, laat de trom, laat de beltrom horen...', 'wit het wiegje, wit het laken, wit de kerst'), verkeerde ik als het 'meest verlangde, diepst gewenste' kind al vroeg in een staat van opgewonden afwachting over de gaven die me zouden toevallen op deze plek waar Henri Elias Henrikus Holbein dagelijks terugkeerde uit de buitenwereld met mist en regen in zijn jas. Om van de statisticus die zich op kantoor van negen tot vijf had moeten bezighouden met correlaties, te transformeren tot weldoener die me schatten en geschenken bracht (poppen, boeken), tot sjamaan en magiër die ons, nieuwe loten aan de Holbein-stam, voor het slapengaan verhalen vertelde, die nu eens afkomstig waren uit de werkelijkheid (het dode broertje, zo gruwelijk stukgegaan op aarde, maar in de hemel een engel), dan weer ter plekke werden verzonnen.

De Doorschijnende Jonkvrouw... zo transparant als een spinnenweb doolde zij om middernacht over de kantelen van een kasteelruïne. Wie was ze, waar kwam ze vandaan? Waarom waarde ze elke avond om twaalf uur rond met uitgestoken handen en dunne spinnenpotenvingers? *Huuuuuuuu!*

Of, nadat Kaj was ingestopt en er een verplaatsing naar de meisjeskamer optrad, oudtestamentische geschiedenissen die HEHH zittend op de bedrand met veel gevoel voor drama navertelde.

Aartsvader Abraham die van de Almachtige Heere God de opdracht had gekregen zijn eigen zoon te offeren en hem te slachten als een lam. Jozef, de zoon van Jakob en Rachel, favoriete elfde van twaalf zonen (nou ja, *ik was ook een favoriet*). Zijn jaloerse broers moesten hem niet, maar op een dag zouden ze allemaal voor hem buigen. En David en Bathseba (eerst was zij de vrouw van de Hettiet Uria, maar Uria moest sterven, want David begeerde Bathseba als vrouw).

Waarna HEHH diep vooroverboog om met zijn nagels een kruisje in mijn voorhoofd te kunnen krassen, 'in de naam van de Vader, de Zoon en de Heilige Geest', de engelen die ter bescherming werden opgeroepen, en het rituele plofje van zijn vulpen, puntige zakkammetje en fijn gekromde schaartje, die uit de borstzak van zijn colbertje op het bed vielen, en zijn tastende zoeken met koude handen ('Verrek, waar zijn die nou gebleven?') onder laken en deken.

Zo leefde ik in een wereld van toverij en taal waarin (nog) geen 'ik' nodig was, en het (Holbein-)woord wet was, maar tegelijk de opening tot een struikgewas waarin het glinsterde van de rode bessen. (*Papa... mama... later... nacht...* WEES STIL. *Zo lief had God deze wereld dat Hij ons mensen Zijn enige zoon gaf.*) Ver vóór op de school met de Bijbel in onze straat het aap-noot-mies begon, kroop ik dit struikgewas in en uit, mijn geschramde armen vol schatten, en voelde ik me trots en rijk.

Mogelijk leeft in ieder van ons de vrees voor wat op een dag in ons tot leven kan worden gewekt, zelfs voor we weten dat het vrees is, deze doodnormale grondtoon van ons bestaan.

Het kind verlangt magie, het kind verlangt educatie.

De poppen die in het holst van de nacht door de gangen rennen, op alle bedden, stoelen en tafels dansen, en die zich als het daget in het Oosten ineens boven op de kast in de ouderslaapkamer blijken te bevinden!

('O, wat een kabaal, och, wat een herrie hebben ze vannacht toch weer gemaakt, jouw Bella, Stella en Corrie.')

De tinnen bekers waaronder iets verdwijnt, het neuspuntje dat van de neus wordt gehaald, en er weer wordt op gezet.

En in de ochtenduren, wanneer Anna Alida nog slaapt

(en zij slaapt altijd, zij slaapt tot de klok heit negen en de klok heit tien, zij slaapt tot de klok heit elf en de klok heit twalef); het zachte witbrood dat door Henri in lange, dunne reepjes wordt gesneden en extra dik besmeerd met boter en bestrooid met suiker.

We mogen dus niet uitsluiten dat het kind vooralsnog geen bezwaar aantekent om op enige afstand van de andere kinderen die het Holbein-huis bevolken, of dit met hardnekkige regelmaat blijven bezoeken, te worden uitverkoren voor de entree tot dit universum met een heilig runenschrift (en taal als de gouden glimworm die de grot verlicht).

Ik zal een jaar of zes zijn geweest toen HEHH mij een dik, in rood linnen gebonden boek overhandigde dat de sprookjes van Hans Christian Andersen bevatte, met de onweerstaanbare en nooit geëvenaarde illustraties in aquarel van de Poolse kunstenaar Janusz Grabiański (een naam die ik fluisterend uitsprak: Januszzzzz... januszzzzzz... pas later begreep ik dat het een afkorting was van Januszoon).

Het was mijn eerste echte boek. Het had een gewicht, het bestond en was levensechter dan ik, dan wij allemaal in de schijnwereld van het Holbeinse.

Ik was ziek, had hoge koorts. Toen ik begon te lezen (*De Chinese nachtegaal.* 'In China, moet je weten, is de keizer een Chinees en alle mensen om hem heen zijn ook Chinezen...'), tuimelde ik meteen het door Nabokov in *Lectures on Literature* beschreven wonder in: 'In zekere zin vallen we allemaal te pletter van het hoge gebouw van onze geboorte naar onze dood op de vlakke stenen van het kerkhof en verwonderen we ons met de onsterfelijke Alice in Wonderland over de patronen op de voorbijtrekkende wand. Dit vermogen om ons te verwonderen over de bijzonderheden, details – ongeacht het naderende gevaar –, deze zijpaden van de geest, deze voetnoten in het boekdeel van het leven zijn de hoogste vormen van bewustzijn.' Gloeiend onder de dekens, aan de hand genomen door de schrijver uit het Deense Odense, las ik over de geschiedenissen van prinsen en prinsessen. Over die van marskramers, varkenshoeders, soldaten en kleine scharrelende dieren. En zelfs over boompjes of planten of levenloze voorwerpen als een tol. Over personages die nog geen stem hadden, geen vaste vorm bezaten of tijdelijk kwijtraakten en zelfs afstonden. Zoals de kleine Karen, die haar voetjes liet afhakken om te kunnen stoppen met dansen naar het graf van de oude dame. Of de zeemeermin. ('De prins vroeg wie ze was en hoe ze daar was gekomen en het zeemeerminnetje keek hem met haar diepblauwe ogen heel lief en tegelijk heel bedroefd aan; praten kon ze immers niet.') De wrede toverkol sneed haar tong en staart af en schonk haar mensenbenen, maar bij iedere stap die ze zette was het 'alsof zij op de punten van gloeiende naalden liep of op het scherp van snijdende messen'. Ach – ze stortte uit tot schuim op de golven vóór ze werd opgenomen in het koor van de dochters van de lucht, en de vrouw van de prins werd ze niet. Het meisje met de zwavelstokjes stierf een barre vriesdood. Echter, hoe tragisch de gebeurtenissen ook waren, welke ontberingen de wezens waarover ik las ook ondergingen, en hoe abrupt of vergankelijk hun verschijningsvorm ook was, steeds verkregen ze een ziel, een eigen aard. Wie zich te voornaam voordeed werd op zijn nummer gezet. Wie zich vastbeet in een vals, illusoir wereldbeeld werd geconfronteerd met het goede, echte en ware. 'Ik *zal* je paarden laten hoppen,' zei grote Claus en hij nam een eind hout en gaf het enige paard van kleine Claus een klap voor zijn kop, zodat het morsdood neerviel. 'Ooo, nu heb ik helemaal geen paarden meer,' zei kleine Claus en hij begon te huilen. Maar daarna vilde hij (een praktische geest) het paard, nam de huid, liet die goed drogen in de wind, stopte hem in een zak, zwaaide die op zijn rug en ging naar de stad om hem te verkopen.

Begeerte, ziekte, honger, dood, geweld, armoede, gebrek... tal van griezelige, angstaanjagende zaken, pure overlevingsdrift (en strategie), alles kwam bij Andersen voorbij, zoals alles ook in ons Holbein-huis voorbijkwam en voorbij zou blijven komen. Het liep door elkaar, ging gelijk op, de werelden waarover ik las, de wereld waarin ik leefde. Het was of ik, de zwaar bijziende (een dioptrie van -10 en pas op mijn zevende een bril), mijn eerste paar ogen kreeg, en er een wit spiegelbeeld verrees voor het schuimende, gistende donker waarmee ik al vertrouwd was.

In de voorkamer prijkte op de schouw in een zilverkleurig lijstje een fototje van ons dooiebroertje. (Hij droeg een korte broek, een streepjestrui en een bril.)

Malle (tangverlossing, zuurstoftekort) kwam thuis en wilde weten waarom God bij zijn geboorte zo hard in hem had geknepen, of het ooit nog goed met hem zou komen en of hij op een dag zou kunnen leren. (*Deze is misschien mislukt, mevrouw, meneer, deze is een beetje anders, deze had misschien nog wat in de pan gemoeten, bij deze had het deeg misschien nog wat moeten rijzen...*)

Weet je nog? vraagt Malle, vraagt ook Max. *Weten wij nog, weten wij nog,* zingen wij in koor. Hoe op zondagen de tafel werd gedekt met een wit tafelkleed? Jaaaaaaa. Hoe in de voorkamer de gaskachel loeide? Jaaaa. Hoe in de oven een kip spetterde en siste? Jaaaa, o jaaaa. En hoe, als het kerst was, de vorstelijke kerstboom, met echte kaarsjes (!), teder de gordijnen in brand stak?

Ja. Jaaaa, o jaaaa!

Met zijn blote handen rukte Henri Elias ze van de rails en danste erop tot alle vonken doofden!

Ja, dat deed hij. O ja, o ja!

En alles was goed. Echt en waarachtig. Tegelijk binnen en buiten.

En mijn vader zegt dat ik de slimste ben, dat de anderen (in huis) niet kunnen tippen aan mijn verstand.

Wist HEHH destijds hoe reusachtig het geschenk van taal, teken en boek was waarmee hij me voorbereidde en kneedde in de richting van zijn (lichamelijke) noden en wensen? Ik had in ieder geval nog geen idee van de impact van deze gave. Zoals ik me heel lang niet bewust was van het gif, de infectie bij de wortel.

De deur van de ouderslaapkamer zwaait open... Ik ben zes, misschien zeven. Daar is de grote spiegellinnenkast die de hele kamer opvangt, weerspiegelt en nog eens, maar dan anders, laat bestaan. Het bed met de sitsen beddensprei, bezaaid met fletse bloemen. Op de vensterbank het porseleinen Mariabeeld in pastelgeel en blauw, daarover Anna Alida's uit zee opgedoken parelsnoer.

Het binnen te gaan, echt binnen te gaan... dit indrukwekkende kabinet, net als The Royal Society of Science. Daar te zitten als het enige meisje, op de krakende leren stoel, en de oude pijptabak van wijsheid en excellentie te roken. Om de titi-aapjes uit de boom te schieten (net als Humboldt) en hun gedrag te bestuderen. Om de paarden het water met de sidderalen in te sturen (net als Humboldt). Het kind van de moeder te scheiden. Een eigen Kaspar Hauser te houden om je eigen woordjes aan te leren.

Hebben, zijn, worden, blijven, blijken, lijken, schijnen, heten, dunken en voor te komen als een begeleider, een kameraad, een nietzscheaanse metgezel.

'Laten we het vandaag eens hebben over de bewegingen der hemellichamen, de banen der planeten, de gulden snede...' 'Nooit een tekening in het midden beginnen en dan niet het hele vel bestrijken...'

'Niet zo hard je hand op en neer bewegen... zachter, záchtjes, verdomme...'

Met een grimmig lachje en niet zonder spijt stuur ik dit hoofse kind door de zwakverlichte gangen terug naar de plek waar de fluitblazer speelde en geen kennis kwam zonder betaling, de heffing van een speciale btw. En waar het net als de anderen varkentje is geweest.

Het nest van de Arriera

Onze wijk Lombok was een typische arbeiderswijk, die eind negentiende, begin twintigste eeuw was opgetrokken rond de koninklijke Lood- en Zinkpletterij Hamburger in Utrecht-West. De hoofdstraten waren bestemd geweest voor kantoorpersoneel; de fabrieksarbeiders werden gehuisvest in de smallere tussenliggende straatjes waar later ook Henne en Toddie hun intrek zouden nemen. Centraal door de wijk liep, als een echt kanaal, de Kanaalstraat, en alle straatnamen hadden een thema dat bij de naam van de wijk paste. Zo waren de zijstraatjes vernoemd naar Indonesische eilanden en gebieden (Bandoengstraat, Balistraat, Borneostraat). De architectuur, zeker in Lombok-Oost, bestond uit lage arbeidershuisjes in donkere, harde (op hoge temperaturen in continuovens gebakken) metselsteen, in lange rijen haaks opgesteld tegen de Kanaalstraat, die net als 'onze' Damstraat meer grandeur en hogere woningen kende, met witte gevelstenen, daklijsten en granitoportieken. Aan de Kanaalstraat lag een badhuis uit 1915 (op initiatief van de Vereeniging voor Volksbaden had men rond 1900 geijverd voor meer volkshygiëne, vooral voor de lagere klassen) en aan de Muntkade het in 2013 gesloten Geldmuseum. Onze straat, waar wij op nummer 11 bis boven een verfwinkel en een matrassenzaak woonden (die nogal enigmatisch Het Bedden en Babyhuis heette), lag aan het begin van de Leidsekade en het drukke Westplein, en het eind van de Vleutenseweg, en was vernoemd naar de voormalige hofstede Damlust. Het was een échte plek, met coördinaten in ruimte en tijd: DG (decimale graden) Breedtegraad 52.0910451, Lengtegraad 5.104154600000015 / GMS (graden, minuten, seconden) Breedtegraad (N) 52°5'27.762", Lengtegraad (O) 5°6'14.956".

Ik heb dat onlangs opgezocht omdat ik het nog wel eens dreig te vergeten.

De bruidsvlucht van de Arriera (Anna Alida) markeerde het begin van de levenscyclus van onze kolonie. De geïnsemineerde (mieren)koningin daalde rond 1950 af naar dit gebied, brak pijnloos haar membraanvleugels af en begon het terrein te verkennen. In een stukje zachte, open grond groef ze een verticale gang die ze aan de onderkant vergrootte tot een kleine kamer. Deze retraite werd het eerste element van ons nest, dat voorbestemd was tot een enorme omvang uit te groeien, en tevens de plek waar onze moeder het grootste deel van haar vruchtbare leven zou doorbrengen.

Vermoedelijk was het er al bij aanvang niet erg veilig.

Mijn eerste herinneringen aan de Koningin-Arriera zijn olfactorisch en vol synesthesie: sjaaltjes waaruit een poederachtig waas opsteeg, nylon kousen, de vage zweem van vis, geur van trimethylamine, in een lichte concentratie in haar schoot, sigarettenrook, donkere stem (een alt) (*Unforgettable, that's what you are*, Dinah Washington), haar grijze ogen die vonkten op de waterkoude en melancholieke maandagen waarop zij geagiteerd door het gangenstelsel van dit nest trok.

Op sommige dagen voeren deze herinneringen me tot vlak voor het hek dat een gebied afsluit waar ik niet louter HEHH's kind was, maar nog bij de Koningin-Arriera hoorde en zij bij mij, en waar het ritme van onze hartenklop gelijk was.

Het was 1966, ik was vier jaar oud, toen het gewelf zich sloot. Daarbinnen Anna Alida, zeer ziek: zwangerschapsvergiftiging en trombose. Ze lag in de tombe van het ouderlijk bed in de slaapkamer op de bovenverdieping, in verwachting van wat haar laatste kind zou zijn. Van mij en mijn broertje Kaj en onze plakkerige handen, snotterige neuzen en ongekamde haren afgeschermd, kon ze op geen enkele andere manier worden bereikt dan door en onder begeleiding van HEHH, wachter op de toren. Wij mochten haar één keer per dag bezoeken, 's avonds, kort na de maaltijd, in de schemering. In het fotoalbum dat Anna Alida me een jaar voor haar dood gaf (ieder van ons ontving zo'n album) kleeft een vezelig kladblokblaadje. *Lieve mama, ik houdt heel veel van U, ik hoop dat U snel weer beter bent.*

Ik herinner me het schrijven van dit briefje aan de ronde tafel, HEHH die achter me stond en mijn spelling controleerde, en dat er een zich almaar uitbreidende vettige duisternis in de kamers hing waarbinnen alle contouren vervaagden, zelfs die van mijn moeder. En dat ze gezwollen was, dikke enkels, dikke buik, opgezet, ánders. Het huis somber, en Libby, eenmaal geboren, een bolbliksem. ('Dit is jullie zusje, ze is heel klein, jullie moogt als jullie geen lawaai maken komen kijken, jullie moeten je handen wassen en moogt haar niet aanraken...') Iets onverklaarbaars en onvergelijkbaar teders. Wiebelig en beweeglijk, gevuld met giecheltjes en licht. Een luchtbel van het zuiverste pastelgeel, mijn babyzusje. Een andere herinnering, opborrelend in het donker, is die aan Libby, zoet, vol en rond, in de hoge kinderstoel bij de eettafel, waar ze, stevig vastgegespt in haar blauwe leren tuigje, dat onder kartelleer met sneeuwwitte wol was afgezet, haar vingertopjes drukte in de korstloze stukjes brood op het plastic bordje met het plaatje van het dappere locomotiefje. Ze zou daar zitten (terwijl Max, Malle, Kaj en ik een voor een naar onze respectievelijke scholen en schooltjes vertrokken en mijn vader naar zijn kantoor) tot Anna Alida ontwaakte en rond een uur of tien, elf naar beneden kwam. Gewoonlijk pas nadat Henne of Toddie de bel bel bel belde of de voordeur opende met het henneptouw, en de trap beklom met een eigen baby in een wagentje.

Beiden waren jong moeder. Hun eerste zwangerschap liep gelijk met mijn moeders laatste. Kwam ik terug uit school, dan trof ik ze druk pratend en rokend aan. Hun baby's in de box of op een kleed in de achterkamer en Libby nog in haar stoeltje, haar beboterde vingers bedekt met tot vliegenpoepjes geplette hagelslagjes.

Had ik in die tijd de karaktervolle filmsterren van het Italiaanse neorealisme op het witte doek gezien, zoals Sophia Loren, dan had ik in de levens die door hen werden verbeeld zeker dat van mijn moeder en zussen herkend. Net als die van talloze andere gemarginaliseerden in onze ogenschijnlijk zo beheerste kerkenstad. Zoals de alleenstaande moeders die bij ons om de hoek in de Kanonstraat woonden, in hun van douche- en wasruimtes verstoken pandjes. Of de 'maandagvrouwen' in dezelfde straat, die in hun etalages met roze-witte porseleinen beeldjes van cancandanseresjes of rococoliefdesparen (de vrouwen met miniatuurwaaiertjes tussen hun stenen vingertjes en de mannen in broekjes die eindigden met een strikje boven de knie) weliswaar ook op andere dagen ontvingen, maar op die eerste dag na het tegenvallende weekend toch het meest. 's Ochtends vroeg, voor het in de winkels tot leven kwam, konden Kaj en ik ze onttakeld en met verwoeste kapsels bij de bakker zien staan, als kermispoppen waarmee door boze kinderen ruw en wild was gespeeld.

Of zoals dat van onze broer Malle, de Holbein-huis-tuin-en-keuken-idioot, die op zijn houten stoeltje in de gang verborgen onder de jassen aan de kapstok met een transistorradiootje op schoot naar The Beatles luisterde. Hij zat daar al toen ik een kleuter was. Even vanzelfsprekend als de 120 jaar oude Úrsula Iguarán uit Márquez' *Honderd jaar eenzaamheid.* Pas onlangs vroeg ik me af hoe hij eigenlijk in dit schemerrijk was beland, onder die schillenhoop van over elkaar puilende en naar mensen riekende vellen en huiden. Was het een door hemzelf gekozen pleisterplaats? Of was hij (de enige van ons die Henne op haar laatste verjaardag had bezocht en die – waterdrager, man van smarten – hard moet huilen als hij haar naam uitspreekt) daar door mijn vader, die immers geen stomkoppen verdroeg en graag nette rechte dingen om zich heen had, of door mijn moeder (gek van irritatie) naar verbannen? Maar ik dwaal af. Tussen de (jeugd)geschiedenis van Sophia Loren en die van mijn moeder liepen een aantal opvallende parallellen.

Net als Loren was mijn moeder vaderloos (en in armoede) opgegroeid in een haar minachtende omgeving en in een door oorlog getekend Europa. Net als Loren ontwikkelde ze zich van een stokdun, doodverlegen meisje tot een opvallende schoonheid, en net als Loren had zij haar toevlucht gezocht tot een oudere man.

In mijn geboortejaar was deze actrice al een ster (met een Oscar voor haar moederrol in Vittorio De Sica's film *La ciociara* op zak). In haar eentje leek zij de vleesgeworden wederopbouw en werd ze de belichaming van al die vrouwen op wie door rigide regimes druk was uitgeoefend in dit woelige Europa.

Ja, mijn moeder en mijn zussen leken allemaal op Sophia en ook weer niet. Ze leken op alle rollen die Sophia had gespeeld en nog zou gaan spelen, zoals Antonietta in *Una giornata particolare.* En er was iets in de manier waarop ze rookten, lachten, praatten, klaagden en bij elkaar zaten wat hen sterk en tegelijkertijd zwak deed lijken. Waardoor dit kwam kon ik niet weten en wist ik toen ook niet. Zij waren ver weg en tegelijk dichtbij. Iets prachtigs dat ik niet kon bevatten. Al was er in dit samenzijn ook altijd iets wat me angst inboezemde; iets beklemmends aan de rook die door de kamer kringelde, de asrupsen die van de sigaretten werden getikt of er vanzelf af vielen omdat ze zo lang, veel te lang, waren geworden. En in de onverschilligheid en de afwezigheid bij Anna Alida van ieder ander gevoel dan wrevel, ergernis of een onverhulde weerzin voor de levende en zachte dingen. Zoals voor poes Jojo, wanneer die vriendelijk kopjes gevend langs haar benen streek, 'ach gatsie-jakkie-bah, getverderrie, ga weg...' en die zich uitbreidde en uitspreidde over ons. Een afkeer van onze 'pekhanden', onze stemmen en terugkerende aanwezigheid. O, zijn jullie daar alweer, zei ze na schooltijd, zelfs als we lang weg waren geweest en tussen de middag bij Henne hadden gegeten, zijn jullie er nu alweer? Ook aan Libby, die schattig als een konijntje was, beleefde ze geen plezier. Anna Alida was al even in de veertig. In die late jaren zestig klonk er dan een schrille fluittoon voor (huis) vrouwen, dat het beste deel van hun leven geleefd was.

Terug naar Loren. Met haar volwassen seksualiteit en even genereuze als aardse schoonheid gaf ze je het gevoel dat er uit alle armoede, oorlog en gebrek toch iets prachtigs kon groeien. Zodat ze in haar rollen en daarbuiten hét symbool werd van al die levens waarin, meer dan de politieke keuze voor deze of gene zijde, pure overlevingsdrift centraal had gestaan. Juist tijdens deze oorlogen was er immers een sterk beroep gedaan op de vrouwen: huisvrouwen, fabrieksarbeidsters, secretaresses, verpleegsters, moeders, buitenshuis werkenden. Vechters, bijters en verbijters, met hun eigen smeulende passies en verlangens. Opgezadeld met de zorg voor de handhaving en bewaking van het Normale Leven, onder allesbehalve normale omstandigheden.

Mocht het binnen de vier muren dan zwaar rommelen, pruttelen, beven, sudderen, borrelen en koken... ('Lig stil, of ik maak je kapot,' fluistert een stem in het aardedonker), eenmaal buiten klopten deze bewaarders van het idee van het nette, ongeschonden huis het stof uit de rokken en gingen ze verder, rug recht, kin omhoog. Naar het ook door mij vaak beschimpte ideaal van een schoon, geordend en veilig bestaan. Of althans een waarin naam en eer niet ook nog werden aangetast door de een of andere gek die zo nodig de vuile was op het dorpsplein wilde verzamelen. (Waarbij voor het gemak de vraag werd overgeslagen wie de was eigenlijk zo had besmeurd of tot een dikke prop onder in de mand had gedrukt.)

1968, '69, '70. Ochtend. Daar gaat Anna Alida, het weekend is voorbij en haar woede en verzet zijn hoorbaar in de manier waarop ze de stofzuiger, ram-beng-bang, als een aangelijnd gordeldier over de bovenverdieping sleurt, dwars over alle drempels en tegen de plinten. Van de jongenskamer waar Malle en Kaj in hun metalen stapelbed slapen, langs Max' met kurktegels beplakte tussenkamertje (ooit een opberghok), tot in onze kamer, die ik met Libby deel. In de opzichtige ergernis waarmee ze het ledikantje van Libby verschoont en het flanellen onderlaken en natgeplaste blauwe zeiltje onder me wegtrekt, en de po met wobbelkeutels en vlokkige zaadstrengen (de kuit van Henri) leegt.

'Maandag. Iedereen de deur uit. En wie kan het allemaal weer opruimen? Wie zit er met de rommel, de vieze smerige stinkende bende?' 'Wat is er dan met je? Godallemachtig, heb je nu alweer buikpijn! Buikpijn, buikpijn. Ben je soms schoolziek? Je moest eens weten waar ík last van heb.'

Ik kan maar beter eerlijk zijn, ik heb weinig herinneringen aan mijn moeder als een warme, welkome plek. Heeft haar hulpeloosheid en machteloze boosheid over de (door haar) gevoelde gevangenschap me vaak willen laten schreeuwen, vooral toen ik ouder was: ga dan wég, er is nog een andere, tweede realiteit die ik onder ogen moet zien. In ruil voor haar beperkte woede ontving ze (kleine) privileges en die accepteerde ze, nam ze aan.

Als ik hier tot nu toe veel aandacht heb besteed aan de bijna onbereikbare, glanzende wereld van HEHH (want die vond ik fascinerend, de grauwe stofdotten en pispottenwereld van Anna Alida bepaald niet), is dat omdat we gemakkelijk vergeten en verguizen wat dichtbij was maar geen aanzien of status had.

Tegen het eind van haar leven sprak mijn moeder over háár vernederingen, in als moerasgas opborrelende herinneringen. De smet van de vaderloosheid, en de daarmee gepaard gaande rauwe armoede en vijandigheid, de jarenlange grijnslach van het gebit van haar moeder in een waterglas op het nachtkastje, als Yoricks spottende grimas (*here hung those lips that I have kissed*). En hoe mijn vader in hun begintijd maar niet had kunnen kiezen tussen 'zijn' twee vrouwen. Grootvader Holbein had op een dag moeten langskomen om orde in de chaos te scheppen. Grimmig sloeg hij zijn stok op de grond aan stukken. 'Afgelopen! Wie wordt het, die ene of die andere?'

'Ik had niks toen ik klein was,' zei ze. 'Ik speelde slagertje met steenharde suikerbeesten, "boeeee", kop eraf, "boeeee", kop eraf, of schooltje, en de leerlingen waren knopen.' Met hunkering bladerde ze door mijn schoolboeken. 'Als ik nu geboren was wist ik het wel. Dan was ik allang weg geweest...'

Begin jaren zeventig veranderde Lombok drastisch van gezicht. De van twinkeling vergeven winkelstraat van weleer, waar Libby en ik begerig door het erkerraam naar de etalage van speelgoedmagazijn De Poort aan de overkant staarden, werd door de bouw van Hoog Catharijne, met haar blinkende winkelbestand, de verpauperde hoofdstraat van een achterstandswijk. Toen in de jaren tachtig en rond de millenniumwisseling overal in de grote steden van Nederland stadsvernieuwing intrad, stond ook onze wijk op de lijst om te worden aangepakt en opgeknapt.

In de voorkamer staat HEHH bij het erkerraam, hij schraapt zijn keel en vijlt zijn nagels.

Hij was een heer, wij vónden hem een heer, en onze moeder, Anna Alida, meestentijds maar plat en volks...

Nog steeds kan ik ontzag voelen voor de gladde afgeslotenheid, het metalig glanzende of zorgvuldig uitgelijnde van voorwerpen en objecten die in mijn ogen horen bij de werken en uitrusting van een 'perfecte gentleman'. Het secuur gesneden binnenzakje van een colbertje. Een zijden stropdas met paisleymotief. De gestileerde erotiek van mannenpakken (kraakverse witte overhemden en manchetknopen van edelmetaal met een streepje... in de badkamer scheerzeep, Aluin, De Vergulde Hand, op de rand van de witte porseleinen wasbak), het hele theater van witteboordenmasculiniteit dat zo grondig is onderzocht in boeken en films als *Bright Lights, Big City, American Psycho, Glengarry Glen Ross, Wall Street, The Wolf of Wall Street* en *Shame*.

Ik ben negen jaar en sta bij het stalen bureau van mijn vader in zijn kantoor aan de Varkenmarkt, volledig in de ban van de dingen; als een gelovige die in aanraking komt met een vingerkootje van Mozes, strootjes uit de kribbe van het kindeke, of enkele haren uit het hoofd van Onze-Lieve-Vrouw. De cognackleurige leren Succes-agenda, de diepblauwe Parker-vulpen, de stapel smetteloos wit papier in A4-formaat, zonder ezelsoren of hoekjes. De hoge smalle ordnerkast met sleuteltje... Zelfs de zilvergrijze hoes over de typemachine; uit alles spreekt orde, controle, beheersing.

Het is de zomer van 1972, en ver weg van de onberekenbare Anna Alida en haar dreigementen ('Op een dag maak ik er nog eens een eind aan, dan spring ik het raam uit, let maar op, let maar op, let maar op! En dan zoeken jullie het maar fijn zelf uit met de hele teringzooi') typ ik mijn eerste verhaaltjes uit op de Remington Rex, waarbij ik gebruikmaak van nu lang uitgestorven dingen als carbonpapier en Tipp-Ex. Terwijl juffrouw Nijssen, een ongetrouwde dame die aan de universiteit werkte en nogal wat invloed had op de afdeling van het Centrum voor Data-analyse, waakte over 'de nomadische seksuele energie' van de mannen.

Ik weet niet of 1972 ook het jaar was waarin mijn vader zijn oog liet vallen op de secretaresse. In het familiearchief (kartonnen dozen die met steeds kortere tussenpozen van zolder naar zolder tussen Max, Kaj, Libby en mij rouleren) slingert een foto van een jonge vrouw met losjes opgestoken goudblond haar. Ze zit op zijn bureau in een azuurblauwe, met spikkels bezaaide jurk en met gekouste benen en zal niet veel ouder geweest zijn dan Henne of Toddie, deze kruising tussen Peggy Olson en Joan, de roodharige bombshell, uit het Sterling Cooper Advertising Agency in de televisieserie *Mad Men*, een jaar of vijf- of zesentwintig.

Binnenshuis circuleerden grappen over de hoogvlakte waar vrouwen als mijn moeder Anna Alida, die eens mooi en vruchtbaar waren geweest, binnenkort, bijeengedreven en beroofd van zaken als verstand, relativeringsvermogen en humor, niets anders te doen zou staan dan wachten tot de gieren, die toch al boven hun hoofden cirkelden, op ze neer zouden dalen om hun dode ogen uit te pikken en hun van zinnen gespeende tongen uit te rukken.

Mijn moeder haatte en vreesde de overgang, die haar werd voorgehouden als de dunne, uiterst taaie, uitgerekte streng ruimte en tijd vlak voor een afschuwelijke gebeurtenis. Een weduweverbranding of de achterlating in een duister en van mens- en dierengeluid verstoken bos.

Er waren ruzies in die tijd.

HEHH: 'Schei toch uit, houd toch eindelijk eens je lelijke mond, *Aleid*!' (Mijn moeder had er een hekel aan Aleid genoemd te worden.) 'Jij lustte er vroeger immers wel páp van.' En uit de manier waarop hij het zei werd duidelijk dat dit een uitspraak was over al het vulgaire van mijn moeder, en ik schaamde me voor 'de pap' die ze er eerst wel en toen niet meer van had gelust en vond haar eveneens vulgair.

Wij waren allemaal onderdeel van een systeem waarin we volgens strikte orders en voorschriften een rol vervulden (of daarmee samenvielen). Zelfs al waren die regels nergens uitgeschreven, ze bleken even aanwezig als de in kleitabletten uitgehouwen leefregels van de Codex Ur-Nammu of Codex Hammurabi op zijn basalten stèle. En ze waren even veeleisend en monolithisch (en soms monsterlijk), alsof ze tot de oudste en eerste wetten van onze wereld behoorden (vrouw, ge zult begeerd worden, maar niet zelve begeren. Vrouw, wanneer uw schoot veroudert en het bederf inzet, zult ge geruisloos en zonder verzet het u toegewezen schaduwrijk betreden).

Ach, maar wat als alles wat je hebt geleerd en gezien over de liefde, tederheid en zorg ook daar, en voor het eerst (en zo krachtig!), tot leven is gewekt?

Libby's zacht snokkende ademhaling... Kaj in zijn bed, omkranst door tientallen knuffelbeesten en teddyberen... *If you go down in the woods today, You'd better go in disguise.* Heel dit huis waarin de machtige tovenaarswereld schuilging. Daarbuiten de winkels, de bakker met de suikerbaby'tjes in blauw en roze in marsepeinen wiegjes onder knapperige marsepeinen dekentjes, en de bepoederde puddingbroodjes, en mijn tanden die bijtend in de lichtbruine kadetjes verzonken en tot rust kwamen in de romige vanillelaag, de slager, met de hangende en half opengesneden karkassen aan haken, de lapjes-Raké en de snoepjes-Raké, de fietsenwinkel, de ijzerwarenhandel, de viswinkel van Vos, tevens toko, waar komijnzaad, gember en keiharde ongebakken kroepoek werden verkocht, en waar verchroomde vissen zij aan zij in bakken onder de vuistdikke glazen toonbankplaat lagen, de geluiden van auto's, vrachtverkeer en bussen, de trillende koperen luchters als zwevende en gestolde inktvissen aan het plafond, de schilderijen aan de wand, de tropische vogeltjes in de kooi (zebravinkjes, goudvinkjes, tijgervinkjes, twee Japanse meeuwtjes, goudbuikjes, een kanariepietje), en de meubels: het skai bankstel met blauwgroene kussens in tartan, de lage teakhouten salontafel en de staande asbak – een crèmekleurige emaillen bak met bloemmotief en drukknop, waar ieder lid van de Holbein-familie zijn as in wierp (behalve wij natuurlijk, de drie laatsten, de jonkies, het grut), en waarbinnen een djinn zich tegoed deed aan een onophoudelijke toevoer van peuken. Met op maandagen (blauwe kille dagen, de loeiende stofzuiger binnen, de loeiende vuilniswagens buiten) het kokende water dat op de as werd gegoten, een oorverdovende geur, en de killingfields van sigarettenstompjes die als grijsbruine maden in een drabbigbruine tabaksvijver dreven.

En Anna Alida en haar dochters Henne en Toddie om de seancetafel, als grote zangeressen van tegenslag en hoop.

Voor altijd en eeuwig, voor eeuwig en altijd... periodes van overvloed, van oorverdovende stilte en ontkenning. Kijk, hier drukten de knieën van onze voorgangers in de kokosmat, hier onderaan de trap stond een kind naakt en verdreven in het trapportaal, een rood kinderpianootje tegen de kippenborst geklemd, hier groeven en graaiden HEHH's zoons, zijn eerstelingen (om wie wij ons in deze vertelling al evenmin zullen bekommeren als om de gewaardeerde maar haastig achtergelaten huisvriend Sebastiaan), in de vuilnisbakken naar lauwwarme kroketten of een weggemieterd halfje

Lubro (het verbijsterend snel hard en oneetbaar wordende fabrieksbrood), hier sloeg het hoofd van een van hen onvrijwillig tegen een wand. Hier ook werd de glorie van het vrouwelijk geslacht bezongen, de spelonkige fluwelen diepte van de gulzige kut, het spaarpotje, de voorbips, en waren Libby en ik De Vieze Fanny's ('kind, kom hier met die vieze Fanny... wat doe je nou toch gek, wat stel je je nou toch verschrikkelijk aan... ik ben je vader'). Hier brandden en dansten wassen druipkaarsen aan de bevende takken van een majestueuze kerstboom, zongen Russische koren het Stabat Mater, kerfde de onvolprezen magister HEHH met een aardappelschilmesje de lengtes van ons, zijn talrijke nakomelingen, in het met bladderende verf bedekte deurkozijn, zoals duizenden vaders dat deden. Hier waren wij wellend, groeiend, rijpend, ademloos nageslacht, bewonderaars en beddenpissers, hier hadden onze slaapkamerdeuren sloten, een ijzeren knip op de sponning, hier ritselden muizen; nadat zij waren stilgevallen, vonden we hun skeletjes achter een verwarmingsbuis, tussen de metalen bladen van een broodrooster; kneep je er te hard in, dan hield je niets dan pulvergruis in je hand.

Hier ook ooit, eens, zeldzaam onbereikbaar, de warmte van een moederschoot.

En aan tafel de vrouwen.

'Jeuk an me spleet, me poes, me doos,' zegt Toddie.

'Ghh-ehhrrrh-egrgggh,' schraapt Henri.

'Getverdemme, doe toch eens niet zo verschrikkelijk ordinair,' zegt Anna Alida. Ze neemt een slok van haar koffie, een hijs van haar sigaret.

'Ik ben zo niet, ik ben juist heel anders,' tingeltangelt Henne. 'Ik ben juist altijd heel schoon en netjes op mezelf...'

En ondergetekende, haar benen onder zich in de fauteuil met geruite kussens, die doet alsof ze leest – en luistert. Mogelijk zal er op een dag echt begrip zijn.

Hoe het weefsel van het eigen bestaan, de codex van het eigen brein te ontrafelen en doorgronden? Nog onbewust van wat op een dag ondraaglijke herinnering zal worden: niet de mond die zich eender leert sluiten om wat wordt aangeboden, een wafelijsje van Jamin, een gesuikerde en magisch verkleurende toverbal of de Holbein-penis (en, mogen we wel zeggen, met een verbluffende allure en een waar 'natuurlijk' talent). Maar de triomf, over het dooiebroertje en Anna Alida. En de gestage, krachtige maar eenzijdige ontwikkeling van het observatievermogen. Bijvoorbeeld voor de (blauwgrijze) eenoog van de priapus in diens lichtblauw textielen omhulsel, met bij mannelijke, niet-testiconde zoogdieren een buiten het lichaam hangende huidplooi (zakje) waarover in *The Concise Gray's Anatomy* te lezen staat: 'dun van huid, bruin- en of bruinroze, gerimpeld, bezaaid met vetachtige follikels en enkele kroezende kringelende haren'.

Ik herinner me een gummiachtige weerstand en met enige regelmaat ook een eigenaardige en opvallende verandering, die in de materiaalkunde ook wel faseovergang, fasetransitie of fasetransformatie wordt genoemd, gerelateerd aan minieme variaties in druk en temperatuur.

In mijn mond de smaak van gluton.

Het verhaal waarin je zelf aanwezig bent lijkt altijd het waarachtigst. Tegelijk heeft het in onze eigen ogen het minst weg van een werkelijk verhaal.

Zou iemand me op een dag vragen wat ik probeer te begrijpen en doorgronden met mijn obsessieve gekriebel in Moleskine-aantekenboekjes... met mijn blauwe BIC-pen en die stromende inkt van de octopus op notitieblaadjes vol houtvezels in beige of urinekleur (nooit het witste wit, dan stokt meteen de adem, steken de woorden, blijft de pen in de lucht hangen)... wat ik wil zeggen met mijn terzijdes in kantlijnen (even verwoed krassend als David Bowies Lazarus in *Blackstar*, door, door, door, over het boek, het schrift uit, het tafelblad en de tafelpoten op), waarom ik kasten en deuren beplak, insecten, in- en uitschuifbare wezens, vleesetende bloemen en Ernst Haeckels *Kunstformen der Natur* uit HEHH's oude kunstboeken knip... wat ik wíl met deze geschiedenis waarvan ik onderdeel ben, dan zou ik zeggen dat het een voortdurend onderzoek is naar wat 'thuis' betekent, en voor wie. Wat het is, wás en in de toekomst zou kunnen zijn. Om eraan toe te voegen dat ik daarvoor *mijn* huis, de pathologie ervan, moet uitbeelden en oproepen, in heel veel verhalen en in een (ritmische, rituele) herhaling die lijkt op die van fractalen. Als de puzzel die het was, een labyrint, de donkere kant van de maan.

Anna Alida: 'Nog even, dan zien jullie mij niet meer terug. Als het aan mij ligt laat ik vandaag nog de hele achenebbisj achter.'

HEHH: 'Ach mens, en waar ga je dan heen!'

Nee, ik denk niet dat wij Holbeins ooit een normale familie waren. Al geloof ik ook niet dat we zo buitengewoon uitzonderlijk waren. Er was chaos en verwarring; een zekere ontwrichting en verstoring van ons en onze geschiedenissen, een gespletenheid in wie we waren.

Toen ik mijn moeder Anna Alida op een zekere dag uitnodigde in mijn flat (ik was toen al volwassen, zelf moeder van een dochtertje), om haar mijn vermoedens en aarzelende bevindingen aangaande de bron van mijn (niet oninteressante maar toch tamelijk overweldigende) nachtmerries voor te leggen (vreselijk: schepsels met scharen in plaats van ledematen, een schaap met blikkerende tanden, eindeloze trappen, rauw vlees op de treden): het oude leven met de Minotaurus, stortte ze huilend in.

Ze zat op de grond voor de meterkast (daarin een zak vergeten aardappels met uitlopers waar ik bang voor was), we zaten allebei op de grond, en op haar handen en voeten kroop ze de gang door, zijwaarts, als een krab. In haar fleurige jurk, beige kousen, haar schoenen met een hakje.

Vertel me. *What is a girl to do?*

Dat was de laatste keer dat Anna Alida mij bezocht. Hierna kwam ze niet meer, ze zei dat ze mijn huis niet kon vinden, dat ze niet kon onthouden om welke van de vier torenflats het ging. Tegen die tijd was de brug tussen ons er al een van spekglad ijs geworden. Op gezette tijden liet ik haar in de buurt van mijn dochtertje, met wie ze poffertjes ging eten bij Victor Consael, in de tijd dat deze legendarische poffertjeskraam nog in de Utrechtse binnenstad te vinden was. Of naar het marionettentheater in Nieuwegein, waar Jan Klaassen en Katrijn elkaar in een poppenkast van spaanplaat en bordkarton achternazaten. En kwam ik op het afgesproken tijdstip om mijn dochtertje weer op te halen, in het hart van het winkelcentrum, dan wisselden we beleefde vriendelijke blikken uit bij de overdracht. 'Het was heel gezellig,' zei ze, 'we hebben héérlijk poffertjes gegeten.'

Tegenwoordig heb ik het er bijna nooit meer over dat ik van mijn moeder hield. Ik ben bang dat ik maar al te sentimenteel zal klinken of een gevoel zal voorwenden of herhalen dat eens echt is geweest (en dat ik, zoals de keizer in het sprookje van de Chinese nachtegaal, genoegen neem met de glanzende kopie, het namaaksel van het echte en ware). Soms herbeleef ik deze liefde wanneer ik naar samendrommende koeien op een veldje kijk, of een bepaalde zwerfster bij mij en Oleg in de buurt in de winkelstraat zie. Een vrouw van een jaar of zeventig die in haar gezicht geen enkele gelijkenis met Anna Alida vertoont. Haar trekken ruw en hard, zonder enige schoonheid, niets van een dame, met haar lange bruine kabelvest en korte witgrijze haar dat geel aan de punten is. Ze meurt als de hel en waggelt als een eend achter een klein karretje, zo'n canvas wagentje van Schots geruite stof dat van onder tot boven is volgestouwd met rammelende flessen, en glimlacht *altijd* naar mij als ze me ziet... en de gedachte dat ze mijn moeder is, is zo sterk dat mijn ogen tranen en prikken wanneer ik haar passeer, ja, daar gaat ze, mijn moer, mijn ouwe moei, mijn moe – en ze is dakloos.

De Minotaurus

Er is een vijftal foto's van Henri van voor hij de Minotaurus werd. Op de oudste is hij een baby op een harig kleed. Op een andere zit hij als kleine jongen in een klasje. Op de overige drie foto's, waar hij respectievelijk zeventien, achttien en negentien jaar zal zijn, staat hij steeds te midden van een grote groep jonge mannen, medescholieren, studenten, voor een opleidingsinstituut: het grootseminarie, of misschien nog daarvoor, het gymnasium in Nijmegen. Ze zijn genomen op zonnige dagen met korte schaduwen en hard licht waarin de bakstenen van de gebouwen zich een voor een aftekenen. Mijn vader, Henri, is lang, slank en oogt wat verloren. Zijn bruinblonde haar (hoe verrassend dat hij ooit een haardos had) valt nog dik en zwaar over zijn voorhoofd, en met een zwak lachje, dat misschien helemaal geen lachje is, kijkt hij in de camera. Hoewel het om zwart-witbeelden gaat zie je meteen zijn lichte ogen. Op een ervan houdt hij een doek in zijn handen; er is net een afwas gedaan. Voor hem op een tafel staan omgekeerde witte kopjes. In een grote zinken teil liggen flessen. Hij ziet er schoon, jong en fris uit op deze foto's (die geen enkele vrouw tonen). Hij draagt een wit hemd, een stropdas en op de afbeelding met het gewassen vaatwerk zelfs een overjas. Ja, alles is zo schoon... de blinkende kopjes, de gezichten van de leerlingen, de omgespoelde flessen...

Melancholie, rouw, een gevoel van verlies of spijt volstaan niet om te beschrijven wat deze foto's bij me oproepen. Het zijn de vroege jaren dertig, en zoveel staat nog te gebeuren. Maar wat zal gebeuren verzinkt al in de tijd en vormt daar lagen, zoals vergruisde schelpen en skeletten van vissen hoge kalkbergen vormen met sneeuw op de toppen.

Op 7 januari 1933, als de dan achttienjarige Henri met zijn scheve lachje en witte doek in zijn handen staat, komt de eerste editie van het NSB-tijdschrift *Volk en Vaderland* uit. Vóór de maand om is zal president Hindenburg Hitler tot rijkskanselier benoemen. Op 20 juli zet het Vaticaan de handtekening onder het concordaat met nazi-Duitsland. In hetzelfde jaar is in Dachau het eerste concentratiekamp voor politieke gevangenen gereed.

Het is of deze foto's me een melodie laten horen. De lokroep van een nabije toekomst (waarin een aristocratisch, antiek verleden weerspiegeld zal worden en tot totem zal worden gemaakt). Een geneurie van iemand die met gesloten mond vanachter zijn tanden een lied zingt. Dit lied is schokkend, indringend, mogelijk zelfs subliem te noemen. Woordloos verhaalt het van oorlogen en liefde en lichamen die in elkaar verstrikt raken. Van kroonluchters, waskaarsen en priemgetallen. Van aarde, vuur en wind en wat er in dat vuur verdwijnt: asmensen die in ashuizen moeten wonen. Van de dingen die nog zullen worden uitgevonden en de fantasieën die tot leven zullen worden gebracht. Het is of ik de leden van een orkest bijeen zie voor de eerste klanken van een ontstellende symfonie. En tussen hen één lid in eenzame afzondering en – dun en scherp in 9H-potlood (veel klei, weinig grafiet) – ook al het ontwerp voor diens eigen bescheiden labyrint. Met het stof dat er zal neerdalen, het zand op de vloer en de boeken die er zullen worden gelezen en geschreven...

En Henne en Toddie die het op een dag argeloos en als eersten zullen betreden.

Ik denk niet dat ik ooit te weten zal komen wanneer HEHH's bezoekjes aan Henne en Toddie precies begonnen. Ze zullen klein geweest zijn. Het geheugen gaat ver terug, maar wat het ons brengt komt eerder in uitbarstingen van geuren, kleuren en beelden dan in taal of een samenhangend verhaal (weet ik nu).

Ik betwijfel of het een verrassing voor hen was dat de Minotaurus bestond. Ze zullen in ieder geval vroeg hebben geweten dat hij zich in hun omgeving ophield; een reizende God zogezegd, die hun (soms merkwaardig troostrijk) al het vaderlijke bracht dat ze in hun leven hebben leren kennen.

'De oogstmaand is de laatste maand voor de winter, de slachtmaand is de eerste maand van de winter, dan komt de vorstmaand, dan de rammaand, dan is het de droge maand, dan volgt de sneeuwmaand en daarop komt de laatste wintermaand. Dan volgt de koekoeksmaand en de zaaitijd, dan de eiertijd of de schaapskooitijd, dan is het zonnemaand of weidemaand, dan wordt er gehooid, en dan volgt de maand waarin het koren wordt geoogst.' Net als in de *Edda* kende ons huis lange winters.

HEHH (steenrood hoofd, zichtbare rij smalle witte ondertanden) stort zijn zaad in de mond van een achtjarige en de rest in een zakdoek.

HEHH (steenrood hoofd, zichtbare rij smalle witte ondertanden) stort zijn zaad in de mond van een tienjarige en de rest in een zakdoek.

HEHH (steenrood hoofd, zichtbare rij smalle witte ondertanden) stort zijn zaad in de mond van een twaalfjarige en de rest in een zakdoek.

Anna Alida: 'Wat moeten jullie toch daarboven op die kamer? Wat is dat daar steeds met dat kind?'

HEHH: 'Godverdomme, Aleid, zit me niet zo op de huid... ik geef gewoon wat tekenles.'

(Ja, moeder, waar bemoei je je mee!)

Herenzakdoeken van 100 procent katoen in witte of lichtblauwe uniestof, 40 bij 40 centimeter, met staalgrijze of indigo strepen en een smal zoompje... wie kent of gebruikt ze nog? Toch valt er veel aan af te lezen. Zo kenden de Romeinen al zulke doekjes (met namen als *orarium*, *sudarium*, *focale* en *amictus*), de dichter Gaius Catullus noemt ze in zijn teksten (al vertelt hij niet waartoe ze dienden). Over *orarium* is het volgende te vinden: servet, zakdoek (*Vetus Latina*), tevens een kledingstuk dat wordt gedragen door een diaken in de oosters-orthodoxe kerk. Van de *sudarium* (zweetdoek of *manipulus*) is bekend dat het een doekje was van fijne kwaliteit om transpiratievocht mee weg te vegen (en soms diende om de drager tegen besmettelijke ziektes te beschermen) of een sierdoekje dat door mensen van aanzien elegant in de hand werd gehouden. In het bijzonder verwijst *sudarium* naar twee belangrijke christelijke relieken: het Sudarium van Oviedo (dat in de kathedraal van Oviedo in het noorden van Spanje wordt bewaard), een doek van 84 × 53 cm die gebruikt zou zijn om het gezicht van Christus na de kruisiging te bedekken en waarop geen beeld te zien is, alleen vlekken (hoewel er meer te zien is onder de microscoop), en de Zweetdoek van Veronica. Volgens de overlevering werd Veronica toen zij Jezus zag bij zijn kruisgang door medelijden bevangen en bood ze hem dit doekje aan om het bloed en zweet van zijn voorhoofd te vegen, waarbij zijn gelaat op miraculeuze wijze in de stof werd ingeprent. Deze doek, ook wel de 'sluier van Veronica' genoemd, bevindt zich in het beeld van de Heilige Veronica in de Sint-Pietersbasiliek in Rome – al beweren kerken in Milaan en Jaén hem eveneens in bezit te hebben.

Maar ik was vooral bekend met het sudarium van HEHH.

Ik kende dit als het schoon was, ik kende het na gebruik.

Lukte het me destijds niet om de verschillende verschijningsvormen van Henri Elias Henrikus Holbein met elkaar te verbinden, ook nu moet ik regelmatig mijn best doen om tot me te laten doordringen dat ze terug te voeren zijn tot één en hetzelfde wezen. Het komt me dan bijna onmogelijk en als een vergissing voor.

Niet zonder bewondering moet ik toegeven dat het er vaak zeer goed voorbereid aan toeging. HEHH moest ruim hebben proefgedraaid bij voorgangsters Henne en Toddie en bij hen veel inzicht hebben opgedaan over wat jonge kinderen beweegt. Waardoor ze aangetrokken of op zijn minst nog niet afgeschrikt worden en hoe hun waarnemingsvermogen kan worden gevormd of beïnvloed.

Daar komt bij dat er een groot verschil was in de beleving van de werkelijkheid door de 4-, 5-, 6-, 7-, 8-, 9-, 10-, 11- en 12-jarige ondergetekende. Zorgden deze verschillende leeftijden al voor een andere ervaring, de Minotaurus bewoog zich er bovendien vrijmoedig en vrijpostig tussen heen en weer. Dan was er in ons Damstraathuis ook nog eens sprake van een duidelijk onderscheiden dag- en nachtleven waartussen geen enkele koppeling bestond. Wat zich overdag afspeelde behield zijn randen en bleef altijd helder van kleur. Al mengden die kleuren zich weer niet met de kleuren van woonkamer of keuken en bleven sommige van die kleuren, die een koele toets kenden, verbonden met de eenzame ruimtes waarin Anna Alida niet aanwezig was. De ochtendkamer, waar Henri Libby en mij aankleedde, onze (onder)broekjes aan- en uitdeed en zijn mond en neus hard tegen onze venusheuvel en schaamlippen perste om 'bellen' te blazen en ongedurig en kribbig reageerde als we niet lief bleven staan. Of de badkamer, waar zijn vingers met de perfect ovaal gevijlde nagels zonder weifeling of omhaal de wormpjes (hadden we vaak) uit onze anus peuterden en bij verstopping (kwam ook veel voor) de douchekop gebruikte om de hard geworden keutels 'vast een zetje' te geven (waarbij het weer gemakkelijk gebeurde dat het tunneltje waar die zich ophielden met zijn scherpe wijsvinger werd binnengedrongen). Ook waren er in de gang of het trappenhuis de plotselinge harde beten in onze hals of een ruw knijpen in de peesjes van onze nek...

Maar geen van deze momenten hadden iets te maken met die onbeschrijflijke (onuitsprekelijke) ontzagwekkende 'heilige' andere momenten, die zich voordeden in een soepachtig, hecht en van iedere menselijkheid ontdaan 'zwart' in een ruimte waar we ons dadelijk – Bitte noch ein wenig Geduld – zullen begeven.

Trouwens, er waren altijd nog dagen die voortkropen, waarop zich niets speciaals voordeed. Trage woensdagmiddagen. Mijn moeder Anna Alida lag op de bank en sliep. Henri Elias was op zijn kantoor, Henne en Toddie waren in hun huizen, Kaj bij een vriendje, Libby bij een vriendinnetje in de Kanonstraat (klein als ze was dribbelde ze er al naartoe), waar ze door de moeder van dit vriendinnetje in een zinken kuip werd gezet en gewassen, om gepoederd en luidruchtig geparfumeerd terug te keren met strikjes en lintjes in haar tot pijpenkrullen gedraaide haar. Ik zat in stilte aan de eettafel en probeerde met vezelige viltstiften op het van houtpulp doortrokken papier van een kladblok een echt woud te tekenen. Zo'n bos met naaldbomen, dennen en sparren. Maar het lukte me nooit om de geheimzinnigheid en het diep omvattende van een echt bos met stiften te vangen, en ook sneeuw tekenen bleef een probleem. Hoe kwam het (dit was een vraag die me echt kwelde) dat ik de dingen wel donkerder maar niet lichter kon maken? Mijn moeder snurkte een beetje, ghgrhhhrrr-grhhhhggg, ze lag in haar pantykousen, en tegen haar voetzolen, die daar grijs van het stof waren, kleefden vogelzaadjes. Als HEHH dan thuiskwam was er opleving, verwachting, vreugde, en direct weer een gevoel van eigen belangrijkheid. Want kon mijn moeder zich ontzettend aan mij ergeren ('Ga toch eens naar buiten! Doodmoe word ik van dat gehang, wat roepen die andere kinderen dan naar je?') of mij negeren, mijn vader deed dit niet. Althans, pas veel later.

Het heeft daarom vreselijk lang geduurd voor ik die zware deur naar de donkerste kamer heb durven openen. Een plek waar als in een somber op een heuvel gelegen kerk of kathedraal nooit iets anders heeft kunnen bestaan dan het opperste ontzag en een diep weten van de nabijheid van God, of in ieder geval van een direct met het hogere (en lagere) verbonden wezen.

Ja, lezer, nu moet ik het binnengaan... zie je, eens maakte ik deel uit van zo'n omvangrijk koninkrijk.

*

> KATIQIWA Ka-ti-qi-wah- (*zelfstandig naamwoord, onzijdig*). Naam voor een universum dat met een krachtige explosie is ontstaan in de onrustige geest van M.M. Holbein – rond 1966 of '67. Wellicht al in 1950 of '51 bekend onder de naam *Kontiqiwa* of *Kuttiqiwa* bij Toddiewoddie en/of Henne Vuur.

Ik denk dat als ik alle huiden, vlees, bloed, botten en spieren, alle metalen en gereedschappen, alle tekenstiften en materialen of talen in de wereld tot mijn beschikking had, ik nog niet in staat zou zijn, al was ik een meester op alle terreinen, om een beeld van de Minotaurus en zijn labyrint op te trekken. Ten eerste omdat de Minotaurus geen beeltenis accepteerde (of had); hij vertoonde zich alleen in het donker. Ten tweede omdat zicht het overbodige, nutteloze zintuig was dat tijdens het treffen niet werd ingezet. Sowieso deed zich met de zintuigen iets wonderlijks en onbegrijpelijks voor; ze raakten verward en in elkaar verstrikt. Oog en oor, neus en mond, het inwendige en uitwendige, kamer en lichaam, boven en onder, de getallen 1 en 2...

Soms verscheen in dit zwart het witte cirkeltje van Libby's snoetje, bleek en met een open mond, en die was dan weer zwart; ze droeg een nachthemdje met geborduurde puntjes... Of er doemde een lammetje op (een plakplaatje op het linnenkastje), of er was een seconde een druppelvormig oranje lichtje. Maar geen van die een heel kort ogenblik aanwezige beelden of flitsjes, die misschien schenen te fluisteren dat er nog elementen van het oude leven in de ruimte aanwezig waren, geen van die kortstondige flakkeringen en waarnemingen die ik deed (en die misschien alleen maar aan de binnenkant van mijn ogen bestonden) hadden ook maar iets te maken met of te zeggen over wie ik was, wie wij, de Minotaurus en ik, waren in dit Katiqiwa, op momenten die zich uitstrekkend over eeuwen niet in mensentijd en -ruimte lijken te hebben voorgedaan.

Hoe kan ik jullie toegang verschaffen tot dit labyrint, waar wij Holbein-meisjes in opeenvolging leefden, en mee naar binnen vragen als ik zelf zo lang heb geaarzeld en (in alle eerlijkheid) Hennes tuimelval nodig had? En waarmee moet mijn verslag van dit verblijf beginnen? Met de wanden waardoorheen de Minotaurus evaporeerde met de snelheid van het licht, ook al was hij antilicht? Of met het vloerkleedje als een altaardoek waarin de geur van onze poep en pies bleef hangen? Met de hanglamp die voor het slapengaan onze meisjesslaapkamer nog even verlichtte? Op het linnen kapje werd de fluitende Pinokkio gevolgd (of vooruitgegaan) door het grandioze goudvisje Cleo, ultraoranje, even zwemmend als vliegend, en daarachter sloop nachtzwarte kater Figaro op zijn fluwelen pootjes. Zie je, hier werd men naar bed gebracht, ingestopt en goedenacht gekust (tik het nagelschaartje, tik het kammetje, plok de vulpen) om te worden gewekt, ver voorbij het middernachtelijk uur (het schuifje waarmee de kamer hermetisch afgesloten was ging met een klik van de deur), en slaapdronken, zwaar op het potje te worden gezet... (geur van Nivea, geur van Tabac Original, geur van urine, soms een keutel die met een ploink! in het nat petste, druppels over de rand, het plakplaatje van bloemen op het opstaande randje, het plastic klemmend tegen de warme billen...) En Henri verdween en loste op, en ergens in het ondoordringbare git: een kille tochtvlaag, een uiterst dun reepje licht dat verdween en eveneens oploste, en entree de Minotaurus. Of misschien geen entree, maar een voortkomen uit het snijdbare tastbare duister dat zo vreselijk opeengepakt van atomen en moleculen was dat de *materie* van de Minotaurus wel moest ontstaan uit de enorme druk, een druk die, omdat hij te veel was, door hem weer op de andere materie moest worden overgebracht.

Zie je, dies was die kamer konnie van gesproken worden. Een plek zo hecht en dicht als een orgaan, met cellen zo overvloedig, vochtig en tastbaar dat de taal er armetierig en nutteloos was. Waar geen boeken bestonden en de Minotaurus regeerde, plechtig, wijs, volkomen eenzaam. Waar hij op en achter de muren was en als water uitliep over de vloer... waar zijn vingers zich uitspreidden over de muren en hij binnendrong in alles wat er bestond. Zowel adem, geboorte, leven als dood was. Om pas tegen de ochtend te transcenderen tot de meesterlijk bekwame maar om al zijn heimelijke nachtelijke schittering nauwelijks erkende Henri Elias Henrikus Holbein.

Wat kan ik zeggen over het ontzag waarmee het leven daar gepaard ging, in die ruimte met het bewegende behang, waarbinnen het beefde van de zuchtjes, kreuntjes en pufjes? Afgrijzen en beklemming, totale verstilling, woldraadjes van het kleed op de lippen, terwijl men door de Minotaurus in miljarden zwarte rondjes werd geknipt, in elk confettistukje een seconde eeuwigheid waar men een ogenblik, beroofd van echte zintuigen, met een binnenblik naar keek: wonderbaar, wonderbaar...

Dit konijnenhol van Escher waarbinnen onrustige cellen zochten naar verbinding en ontbinding *...dendrieten, neuronen, follikel, atomen...* waar een oeroud alfabet fluisterend werd uitgesproken *...spriet, spriet, middenstuk van kever, spriet...* en onze lichamen verenigd werden met de Minotaurus... in elkaar gedrukt en uit elkaar getrokken tijdens de sterrenfonkeldans van zenuwcellen tot rode en groene draden waardoor ons bloedsap stroomde, dik en traag, als sap in bomen: het groene bloed. Of over iets waarvoor geen tong is. Niet vanwege het onderricht door de Minotaurus, maar vanwege de momenten waarop de ademhaling het overneemt. Wanneer de arme penis die het geslachtsdeel is van de mannelijke mensensoort de segmenten zo diep binnendringt dat hij daar wordt herkend en op een nacht zelfs wordt verwelkomd *...druk, drukkend, bloedzwaar zwart... bloedstremsel van stinkzwart in het zwaar zakkende abdomen...*

Hier komen alle geuren en geluiden vanbinnen, is men het dompe-domp van de eigen ingewanden, de druk van het zware gewicht tot men een zware planeet wordt, alle elementen samengeperst tot één. Is men het imploderend heelal en komt men tot bestaan terwijl men wordt vernietigd. Niet langer menselijk; een dier, een molecuul... chaos, gehuwd met de grootmeester van chaos... en verliefd, zo hevig verliefd dat men zich verbrandkookt aan zichzelf in deze smederij waarin men wordt omgesmolten tot een reuzen-Alice.

Om vroeg in de ochtend te herrijzen in de gedaante van een kleuter, en te worden verpakt en aangekleed als kleuter door de befaamde HEHH (bijvoorbeeld in een rood maillootje, lakschoentjes en een geruit plooirokje met een speld), en naar het kakschooltje te gaan waar men bloemen leert knippen met een schaartje en ezeltjes leert prikken uit karton op een vilten matje. En tegen Pasen het 'Hosanna' zingt met de bejaarde kleuterjuf Van Veen, *Van Veen, Van Veen, met haar dikke teen...*

en hartstochtelijk met haar meesnikt om het leven en lijden van de lieve, *lieve Heere* Jezus Christus.

Begrijp je mijn aarzeling?

Eonen bracht ik door in dit Katiqiwa en ik was fel en onverschrokken, ik durfde veel. Ach, wat kan ik soms terugverlangen naar die tijd dat ik nog opgewassen was tegen elke situatie. Toen het in mijn mensengebeente tingelde als een klok (*ik* had mijn broertje overleefd, *zijn* schedel was vermorzeld, *niet* de mijne!) en elk ontwaken ook een triomf was.

Vernederd, zeggen jullie? Stelletje idioten! Ik werd niet vernederd, ik werd tot vlamhete zonnekoningin gemaakt! Tegen iedereen die met minachting praat over de positie waartoe ik was uitverkoren roep ik: 'Laster!', en die bespuug ik: 'Laster!' Jullie kinderwereld was miserabel en armzalig, de mijne was grandioos! *Ik* slingerde de planeten met één arm uit hun baan en in mijn binnenste binnenbuik leegde de machtige God zich die me nederig diende. Mij, 'de alderliefste' (zoals ik nog wel eens wil geloven). En wie me wil kleineren met bekrompen medelijden tover ik mijn grootste overwinning voor: Jezus verrees maar één keer, nou, ik, vijfjarige, versloeg 'm en ik deed dat elke dag opnieuw. Kijk eens hoe mijn alfabet glinstert. Laat ik 's ochtends de vogels niet zingen? Ja, mijn vaderpapa was de Minotaurus, de Enige Echte en Ware. Dus waag het niet hem neer te halen!

Zeker, als kleuter kon ik de wereldbrand ontketenen, het was slechts mijn wens dat ik me inhield. Nog steeds houd ik me in. Eerst moet ik in mezelf het snotterende creatuur zien te smoren. Die ochtendbuikpijnjengelaar die niet kon zien met welke gaven ze werd toegerust en welke geschenken ze ontving. Wat moet ik met haar? Met deze duimzuiger, beddenpisser, pluizen-uit-de-wollen-deken-plukker... dit bleek en mollig kind dat nooit en in geen enkel opzicht op mij heeft geleken: de Volmaakt Gelijktijdig In- en Uitademende, de Eendrachtig Meebewegende, de Totaal Verstilde en Met het Nachtzwart Samenvallende! We moeten haar niet sparen, maar vermorzelen, verstikken en uitroken, aangezien ze een forse teleurstelling is, het rijk Katiqiwa onwaardig. Een grove vergissing en een nul.

Dit schreef ik (nog maar) kortgeleden. De blauwe inkt liep uit over het papier terwijl mijn hand voor me vastlegde wat ik niet durfde te weten. Hoe grandioos, hoe ontzagwekkend het was, dit Katiqiwa, en hoe flets veel van mijn latere leven daartegen heeft afgestoken.

Snap je?

En wat kan ik zeggen over die andere nachten dat ik wakker schrik of helemaal niet slaap waarin dit eens zo alomvattende beschamend en lachwekkend wordt. Miserabel, potsierlijk. Een klucht.

De nylon duo-babydolletjes, door Anna Alida gekocht bij de lapjes-Raké op Damstraat 44. Het potje met de urine die over de randen klotst. Libby en ik, ik en Libby samen op één kamer (de een kijkend, de ander vergruizend, of andersom, van je rombom, wie maalt erom), en Max die in het belendende hokje zijn adolescentenslaapje slaapt, en het kruisbeeldje boven de deur met de verdomde lijdende, bloederige bloed-sprietsende Jezus niet eens fatsoenlijk omgekeerd, terwijl de gedaante eronder zich aan zijn werkjes wijdt, de kippige ogen en de neus diep in de wol van het kleedje om daaruit voor altijd de gewijde geur van mensjespies op te snuiven. Of de sprinkler die sindsdien aanwezig is in de Heilige Vagina alias het boterzachte vagijntje, gelukkig onaangeroerd terwijl de andere ingang (er is altijd een ingang in een lichaam) grondig en diepgaand wordt onderzocht.

Dan wordt het een snuffilm. Zo verdorven dat de woorden en mijn wezen voortaan één en hetzelfde liederlijke ding zijn.

Ja, soms dwaal ik door het donker, mijn handen vooruitgestoken, in een ellendige lust, een afgrijselijk verlangen, voelend dat ik al niet meer besta; dat ik gestorven ben, *verloren*, moleculen, *verloren*, daar is geen zwaartekracht.

Eenmaal onder elkaar? Homerisch gelach. Het schaterend ophouden van een afgetrokken pootje of versplinterd dekschildje; is dit van jou? Het opgewekt herschikken en weer in elkaar zetten van de verschillende onderdelen. Schooltas, kniekous, paardenstaart. Knapelastiekjes met rode toverbalkralen en Anna Alida of Henri Elias die met een puntkam schrapend over het hoofd een kaarsrechte scheiding trekt. Een hand om het middel die het 'wiebel niet zo, sta toch eindelijk eens stil'-bovenlichaam met één korte beweging rechtzet.

Schuifelen voor de spiegel... niets van te zien! Onsterfelijk, onschendbaar, onoverwinnelijk zijn! Door een zaagtand kunnen lopen zonder iets te voelen. Groot als een berg zijn, duizendtietig, duizendkontig.

Wat wij allemaal kunnen doet je versteld staan! Wij zijn zeer bedreven in het muisstil, zonder een piepje of kreetje binnengedrongen worden. Loyaal en standvastig als tinnen soldaten. Daarbij kunnen we ook gewoon huilen om een schaafwond. We eten onze witte boterhammen met kristalsuiker en laten geen korreltje achter op ons bord. We verspillen niets, wiebelen heel normaal met onze benen, we zitten niet stil, ginnegappen om alles.

Terreur is een geruisloos ding dat op schuifelvoeten komt. Het vraagt niets, verbergt niets. Is volledig in overeenstemming met zichzelf. Samen met gezellin pure levenslust.

En hier ben ik, kruipend naar die plek die tot vandaag zijn angstparfum van gele orchidee, passiebloem en mest uitwasemt, in een poging te aanschouwen wat ik daar geweest ben: het laatste poppetje in de matroesjka, met de scheef geschilderde kommaoogjes, het poppetje dat je niet kan openen.

Toddiewoddies herberg

Soms, als bij toverslag, is er een duizeligheid die me treft, een misselijkheid alsof ik van een berg af rol. En dan vraag ik me af of het wel mogelijk is dit verhaal te vertellen. Mijn gedachten dwalen af naar de zwarte, zwartblauwe en juweelgroene bromvliegen die op warme zomerdagen door Malle werden verbrand nadat hij ze eerst, fruut fruut, voorbeeldig snel en kwiek (hoe deed hij dat toch?) de vleugeltjes had uitgetrokken.

'*Hiiiii*, nou gaan jullie mooi nergens meer heen. *Hiiiii*, nou kunnen jullie mooi geen kant meer op.'

Hij drukte het brandende sigarettenkegeltje op ze tot het daaronder begon te sissen en te snorren, waarna ze als piepkleine derwisjen rondtolden met een ziekmakend gebrom.

Hou op, hou op! Crepeer dan toch eindelijk, vliegen!

Ik spreek mezelf toe. 'Het is heus niet aan één stuk door misère of kindermolest geweest. Geef nou maar toe dat er ook feestjes en partijtjes waren. Vrolijke avonden waarop Anna Alida zich na een wijntje te veel giechelig door HEHH de trap op liet duwen en met zenuwachtige uithalen riep dat ze zich nog zou benatten van het lachen. ('Hihi, Henri, stop nou, schei uit nou, zo dadelijk pies ik in me broek.') Middagen waarop de verrukkelijkste geuren opstegen uit de keuken (en het glas van de keukendeur beslagen raakte met een innige mist waarin je je naam kon schrijven), zodat je bloedeigenste mensenhartje opsprong van o, thuisthuisthuis.'

Niets is puur tranendal. Zelfs een Minotaurus heeft momenten waarop hij zich verzadigd met een stokje tussen zijn tanden peutert omdat daar een sliertje van een of ander karbonaadje is blijven steken. Waarop hij opstaat en zich geeuwend uitrekt om peinzend voor een boekenkast een mooi gebonden exemplaar met leeslintje tevoorschijn te trekken en dit open te slaan op Cicero's redevoeringen, o tempora, o mores! Of waarop hij op de bank in een onschuldig hazenslaapje valt met zijn mond een beetje open. Hoor, *heel* menselijke snurkgeluidjes...!

Bovendien: wat te doen met het feit dat zelfs vreemde, buitenissige omstandigheden en ongewone situaties tot verveling kunnen leiden en tot hilariteit. Echt, het is een mirakel, de dingen die we doodgewoon, saai of juist lachwekkend vinden als we kinderen zijn en onze werkelijkheid nog voor het grootste deel door anderen wordt bepaald. Die wijze, half rijpe, half onrijpe tijd dat we openstaan voor een alles omspannende wereld.

'Stukken ongeluk, stelletje stinkende egoïsten... ik

sla jullie met de koppen tegen elkaar en tegen de muur,' roept HEHH, 'ik laat geen spaander van jullie heel; ik heb jullie gemaakt, ik kan jullie ook breken.' En wij giechelen bij het idee dat hij onze hoofden tegen de aftandse wanden wil smakken en houden ons ingehouden lachend bezig met de praktische uitvoerbaarheid van zijn dreigementen of de logica van zijn woordkeus, terwijl we de knoop van angst in onze maag verwarren met de aangename spanning die je kan beleven bij het kijken naar een griezelfilm.

We waren krioelend gespuis. Nietige wezens. Gewemel.

Dat ook HEHH zichzelf wel eens als klein en onbeduidend zal hebben ervaren wist ik toen niet en durfde ik misschien ook niet te weten. Hij immers creëerde het labyrint (die sterk verduisterde afspiegeling van zijn innerlijke wereld en blik). Misschien was hij er zelf al eerder door zijn tijdgenoten in opgesloten. We verlangen van ze dat ze groot zijn, onze goden. Machtig, niet omver te werpen. Wie zal ons beschermen als zij geen reuzen zijn?

In een boek van John Gardner, *On Moral Fiction*, dat ik om onduidelijke redenen had besteld in de periode van de *Big Freeze* in de boshut (om er al lezend achter te komen dat ik het op bijna geen pagina met de schrijver eens was), stond één mooi, wrang verhaal dat de koop goedmaakte en tevens zorgde voor de aanschaf van Snorri Sturlusons *Edda* (een boek waarvan ik erg blij werd).

'In vroeger tijden werd gezegd dat Thor elk jaar een cirkel rond de Middenaarde maakte, om de vijanden van de orde te verslaan. Thor werd elk jaar ouder en de cirkel die door goden en mensen werd bezet steeds kleiner. De god van de wijsheid, Wodan, ging naar de koning van de trollen, nam hem in de houdgreep en wilde van hem weten hoe orde over chaos zou kunnen triomferen. "Geef me uw linkeroog," zei de koning van de trollen, "dan vertel ik het." Zonder te aarzelen gaf Wodan zijn linkeroog. "Vertel het nu."

De trol zei: "Het geheim is: *kijk met beide ogen*!"'

Ik denk aan de sacrale rituelen tijdens het kerstfeest, dat bij ons in het Holbein-huis zowat een volle maand duurde. Al aan het begin van december was er een toestand van koortsachtige spanning. Het begon ermee dat HEHH op 8 december (de dag van de onbevlekte ontvangenis van de Maagd) zijn zelfgemaakte voorzetramen van loodband tussen de kozijnen van de drie erkerramen klemde: herten, moeder Maria met haar stralenkrans, een kerk... waardoor dit deel van de kamer veranderde in een gotische kathedraal met kruisribgewelven, spitsbogen en luchtbogen... Vervolgens werd op een zaterdagmiddag de reusachtige nordmannboom over de steile trap naar binnen getakeld en getrokken (Max duwend, Henri slepend, Malle joelend), om zich, zodra het net was opengeknipt, magisch te ontvouwen en zijn veren takken breed te spreiden.

Nadat hij zo een hele dag voornaam en geheimzinnig en nog onversierd met zijn kruin tegen het plafond vegend in de hoek van de kamer had gestaan, werden de versieringen erin gehangen. De kerstballen (waarin voor- en achterkamer werden gereflecteerd, maar anders: ronder, kleurrijker en met glans), de decoraties van mondgeblazen glas die HEHH met twee handen uit het sitspapier tevoorschijn haalde. Handbeschilderde besneeuwde huisjes. Blauwe en groene dennenappels. Sijsjes en roodborstjes met één gespikkeld donzen veertje, twee zilveren vogeltjes met spierwitte nylon staarten op een zilveren knijpertje en één ooievaar, die Peter heette (want alle ooievaars heten Peter, zoals het sprookje van Andersen leert).

Tot slot (hiervoor werd het keukentrapje tevoorschijn gehaald) de bekroning met de statige piek of kerstengel, de lametta tussen het diepgroen als de ijspegels aan de takken, en het engelenhaar van ragfijn gesponnen glas waarmee de hele Krimspar van onder tot boven werd verpakt in een teer spinnenweefsel.

Pas in de namiddag voor de Heilige Nacht volgde de plechtige bijzetting van de kerststal. Met de stenen geitjes, stenen schaapjes en het stenen kindje 'Jesses', dat om exact twaalf uur in zijn stenen kribje werd gelegd onder de naaldtrossen, die hun verrukkelijke aroma van hars verspreidden en de hele kamer tot een geurig woud maakten. Soms diepte ik tussen de takken zo'n feeëriek harsbolletje op. Ik wreef het kapot tussen mijn vingers en snoof met een gevoel dat ik zweefde en onderdeel was van het bos dat eindelijk bij ons naar binnen was gebracht.

Breng ik dit tafereel voor mijn geestesoog terug, dan kan en wil ik weer geloven dat HEHH even gespleten was als ik en net als ik verlangde naar die splitsing waarin er werkelijk een vader *en* een monster was (en een vader in wiens armen ik me voor dit monster kon verschuilen) – en betwijfel ik of ik beter af ben met de wetenschap dat zij één waren.

Het kind dat gelooft in mythen en magie hunkert naar de oude tweedeling. En herinnert zich tevens de vreugde, die vrij en echt beleefd werd, van het zielstransport en het kunnen toekennen van een geest aan de kleinste en onaanzienlijkste dingen. Je moet weten: ik hield van Henri Elias Henrikus Holbein, wij allemaal hebben onze god liefgehad.

*

'Als wij de denkprincipes waarop de magie is gebaseerd analyseren,' schrijft Sir James George Frazer in het bijna duizend pagina's tellende standaardwerk *De gouden tak* – een boek over religie, volksgebruiken en mythologie dat ik in 1995 meteen nadat mijn eerste verhalenbundel (die was geprezen om zijn absurdisme) was uitgekomen had aangeschaft, '...dan zien wij dat zij op twee hoofdpunten neerkomen. Ten eerste, dat het gelijke het gelijke voortbrengt, of dat een gevolg op zijn oorzaak lijkt. Ten tweede, dat dingen die eenmaal met elkaar in contact zijn geweest elkaar ook op een afstand blijven beïnvloeden, nadat het fysieke contact is verbroken. Het eerste principe kan "de Wet van de Gelijkheid" worden genoemd, het tweede "de Wet van het Contact". Uit het eerste leidt de magiër af dat hij elk gewenst effect kan bewerkstelligen door het eenvoudigweg te *imiteren*. En uit het tweede dat datgene wat hij met een materieel voorwerp doet, ook uitwerking zal hebben op de *persoon* met wie dat voorwerp vroeger in contact stond, ongeacht of het nu deel uitmaakt van diens lichaam of niet.'

Ik stond er toen niet bij stil, maar deze principes moeten beslist een grote rol hebben gespeeld in ons Holbein-leven.

Zo verliet op een zekere dag in augustus van het jaar 1974 (ik was elf) mijn zus Toddiewoddie (zevenentwintig), tweede kind van Anna Alida, gekleed in niets dan een duster en op haar pantoffels, met haar twee dochtertjes (acht en vijf) halsoverkop haar woning in een van de eerdergenoemde zijstraatjes van de Damstraat om haar toevlucht te zoeken in het opvanghuis van pater Gerrit Poels, 'Huize Poels', in Tilburg, een al in 1968 geopende uitwijkplek voor de 'armen, verslaafden, verwarden en wanhopigen'. Haar overhaaste vertrek was onderdeel van een deerniswekkende geschiedenis die zich misschien nog het best laat presenteren als een allegorie, anekdote of parabel (een die ik nadien veelvuldig als instinkertje, nadenkertje of rood sein voor mezelf heb ingezet) en het verslag (op basis van moeizaam bij elkaar geharkte feiten) van een spiegeling. Want mijn zus, de wilde en losbandige Toddie, die volgens de ingezetenen van ons huis altijd al 'zo krols als een kat' was geweest en haar benen maar niet 'bij elkaar' kon houden, en met wie, anders dan met de veel beschaafdere, Henne sinds haar kinderjaren 'geen land mee te bezeilen' was geweest, sloeg op de vlucht voor een man.

In de film *The Night of the Hunter*, een door ware gebeurtenissen geïnspireerde rolprent uit 1955, ontmoet de zelfverklaarde predikant Harry Powell (huiveringwekkend gespeeld door Robert Mitchum) een ter dood veroordeelde bankovervaller. Om de buit van zijn celgenoot te bemachtigen legt hij het aan met diens weduwe. Met de woorden LOVE en HATE getatoeëerd op de knokkels van zijn vingers slaat en zalft hij de twee kinderen van de overvaller, huwt én vermoordt hij de weduwe, en jaagt hij op de kinderen.

Welnu, vergeef me mijn melodramatische en ouderwetse woorden, ik heb even geen andere: Zo ENEN jager was ook DEEZE man. Een BOOSAARDIG en GEVAARLIJK wezen dat zich slechts kort vermomd als betrouwbaar menspersoon VERGREEP aan mijne zusters kinderen. Die aan ze frutschelde en wriemelde op den Kakdoosch en die eens, des nachts, toen mijn zuster Toddie zeer leed onder hare maandstonde en hem de toegang tot hare zachte en wekere BINNENDELEN wilde ontzeggen, haar beddengoed in brand stak en zich tot aan den wortels van heur haren vasthield om haar, het hoofd aldus naar achteren trekkend, vol venijn binnen te dringen. Die toen zij hem op een ochtend (naar haar gewoonte was) wedersprak, opstond van de ontbijttafel en zonder pardon KOKENDE OLIE in den VISSCHENKOM op de vensterbank goot (zodat deeze beweeglijke, argeloos in de kom rondzwemmende diertjes voor de ogen van haar kleintjes enen ALLERJAMMERLIJKSTEN DOOD stierven...).

En hoe had mijn zus deze man leren kennen? Waar had ze hem voor het eerst ontmoet? En wát was het dat haar aantrok in deze AJMP, die in 1984 achttien jaar gevangenisstraf en tbs met dwangverpleging tegen zich zou horen eisen en die begin 1972 rechtstreeks uit de Utrechtse penitentiaire inrichting met de mythische naam Wolvenplein (waar hij vastzat voor een vermogensdelict) bij haar introk...? Je zou kunnen zeggen dat het tot op de dag van vandaag een mysterie is. Dat wil zeggen, voor wie graag door een mistig masker kijkt. Wie het haar vraagt (maar ik ben de enige, geloof ik) antwoordt ze steevast: 'Ooo, dat weet ik niet meer, ik weet dat niet meer... dat was zo'n vreselijke tijd...'

Maar mijn zus was er in die tijd kennelijk al mee vertrouwd dat ze geen partner op het onbereikbaar hoge niveau van mijn vader en haar stiefvader, HEHH, zou treffen en had daarom als jonge, ongeschoolde, pas gescheiden moeder meteen een greep gedaan in de meer grondwaarts gelegen schappen.

Er was een innerlijke en vage uiterlijke spiegeling.

A. (Anton, 'Ton', 'Toni') J.M.P. had prikkende, heel lichte oogjes met borstelige transparante wimpers en kon op een afstandje, als je wat met de ogen kneep, doorgaan voor fatsoenlijk. Zo droeg hij altijd een pak, een goedkoop wit pak weliswaar, in de mode uit die jaren, met een puntkraag en wijd uitlopende pijpen, en daaronder strakke overhemden in verwassen paars, lila en geel.

Hij had geen baan, maar zou als hij 'wat moeilijkheden in de privésfeer' had opgelost op zoek gaan. Om de tussenliggende leemte te vullen, nam hij bezit van Toddies driepersoonshuishouden en vulde dit vrijwel meteen van 's ochtends vroeg tot 's avonds laat tot in alle hoeken, gaten en kieren met een allesdoordringende aanwezigheid. Als een octopus die met elke beweging giftige inkt afscheidde.

Nu is de vraag natuurlijk hoe ik dit allemaal te weten kwam.

Ten eerste omdat een dolverliefde Toddie ter kennismaking heel gezellig met deze Toni P. bij ons thuis aanschoof aan de ronde tafel, *siegretje, siegretje, koffie, kanokoek...* Waarbij ik op de een of andere manier waarnam hoe mijn moeder deze kersverse geliefde onrustig en met samengeknepen ogen bestudeerde. En haar onrust vervolgens krachtig wegpafte met de ene na de andere Caballero zware filter.

'Henri,' hoorde ik haar na afloop tegen mijn vader zeggen (die zich buiten het gesprek had gehouden en zich had geconcentreerd op zijn werk van kunstzinnige en artistieke betekenis, zijn marterharen penseel in de olieverf doopte en hier een fraai gebogen wenkbrauw of rijtje wimperhaartjes uitwerkte in lampzwart, en daar een fijngepunt nageltje aan een sierlijk handje voorzag van een volmaakt titaanwit halvemaantje, 'handen en voeten zijn het moeilijkst, moet je eens opletten hoe vaak dat prutswerk is'), 'wat denk jij...? Hij lijkt niet onfatsoenlijk...'

Maar haar dochters uit haar eerste huwelijk waren haar *weak pack*, haar *litter of kittens* en háár nederlaag en zorg.

Ten tweede omdat ik in die jaren (grofweg van 1969 tot Toddies vlucht naar pater Poels in 1974 en haar verblijf in het eerste Nederlandse blijf-van-mijn-lijfhuis in 1975), vanaf het moment dat de afstand van ons Holbein-huis tot het hare door mij lopend viel te overbruggen, graag zo veel mogelijk tijd bij haar doorbracht. Wat daar in dat lage driekamerwoninkje aan de Bandoengstraat nog te gebeuren stond en waarvan ik nog getuige zóú worden... bij Toddie voelde ik me welkom. Zo niet door veiligheid, dan toch door warmte omgeven. Het is moeilijk voor me om niet in lyrische, kinderlijke taal te spreken over wat het was dat mij, Kaj en later ook Libby naar haar toe deed trekken. Ondanks de gewelddadige uitbarstingen waarvan ze het slachtoffer zou worden. Laat me beginnen door te vertellen dat Toddie altijd heel stellig was wanneer ze zei dat ze van mij 'helemaal geen last' had. Dat ik 'tuurlijktuurlijk' zo lang mocht blijven als ik wilde, ''k vin't gezellig als je d'r bent' (en tegen mijn moeder Anna Alida aan de telefoon: 'Nee, ik hoor d'r nooit, dat kind is zo stil als een muis'). Of dat ik bij haar van de Honig-elleboogjesmacaroni helemaal tot aan de rand in de grijsgewolkte emaillen pan, met het rulle gehakt, de Smac, de gebakken uitjes en de dubbelgeconcentreerde tomatenpuree, met de plop-plop-zilveruitjes en de knapperige zoetzure augurkjes en dikke stukken winterpeen, mocht opscheppen, opscheppen, opscheppen tot ik scheelzag, plofte, boerde, klapte, niet meer kón. Waarbij ze me over de tafel en hoge pan aankeek en mijn naam vol bewondering wel twee, drie keer uitsprak. '*Zo* zeg, *jij* kan eten, op een dag vreet je me nog kaal...! Wil je d'r soms nog een augurkje bij?' Of dat ze van dichtbij naar vanille en boter rook. Dat het, ook al leefde ze van de steun, bij haar op de een of andere manier altijd van je tafeltje dek je, ezeltje strek je was. Dat ik zonder te vragen uit haar koelkast mocht pakken en alle parfumflesjes en flaconnetjes op haar kaptafel mocht gebruiken. Of zittend op het met gebloemde (pioenrozen) stof overtrokken krukje mocht scharrelen in haar sieradendoosje met danseresje en *muss i denn*-muziekje, naar een ketting met medaillon, een bedelarmbandje of gaatjesoorbellen. In haar hakkenschoenen mocht ik lopen.

En bleef ik logeren, dan sliepen we samen in haar grote glanzende tweepersoonsbed van zwartgelakte meubelplaat met zilveren bies en was er een plasgootje van zweet tussen haar buik en mijn rug.

In de kamer van mijn nichtjes hing aan de kale betonnen muur het huilende zigeunerjongetje van Bragolin. Soms opende ik de deur en bleef ik er even naar staan kijken, vreemd ontroerd door de eenzaam biggelende traan op de kinderwang, ver voor ik wist wat het begrip kitsch betekende.

Met enige meewarigheid denk ik dan ook terug aan die tijd waarin ik dacht dat er nog iets te waarschuwen viel. In 1972, '73, '74 was Anton, 'Ton', 'Toni' P. nog geen moordenaar. En toen hij jaren later opdook in een televisiedebat over tbs om te verklaren dat hij een chemische castratie nodig had, omdat hij zichzelf eenvoudigweg niet kon helpen, *I'm just a poor boy, I need no sympathy, anyone can see, nothing really matters... nothing really matters to me...* was alles al gebeurd en was 'Ton', 'Toni' P. van Utrecht naar het noorden gegaan, en had 'Ton', 'Toni' P. in Groningen (direct nadat Toddiewoddie zich met haar twee dochtertjes in het blijf-van-mijn-lijfhuis had verschanst) zijn nieuwe liefje Hannie leren kennen, en had 'Ton', 'Toni' P. samen met deze Hannie het negenjarige meisje Digna van der Roest van haar vrijheid beroofd, verkracht, vermoord... haar lichaampje in een vuilniszak gewikkeld en in een droogstaande greppel achtergelaten, geworpen, gedumpt, gesmeten.

Maar tussen kennis en gedrag gaapt vaak een kloof, en weten en handelen zijn op andere dan rationele manieren met elkaar verbonden. Zo is er iets wat na ruim vierenhalf decennia nog in me rondzoemt. Een gedachtelus waarin ik gemakkelijk verstrikt raak. Bijvoorbeeld wanneer ik mijzelf probeer te duiden als elfjarige. Hoe vaak riep ik in die dagen niet dat de dingen in huis bij Toddie *niet in orde* waren? Zonder oor te hebben voor die andere, tweede stem, oneindig veel zwakker en diep in mij verborgen: dat de dingen bij *ons* thuis niet in orde waren...? En waarom kwam zowel mijn moeder als Toddie met bezorgdheden bij mij? Wat hoopten ze dat ik zou doen? Zo had ik gezien dat mijn moeder deze Toni P. niet vertrouwde. Ik had gehoord hoe zij hem die ene keer dat hij bij ons in de woonkamer was ondervroeg en met een smalend glimlachje naar elk van zijn antwoorden luisterde (waarbij ze de rook van haar sigaret schuin omhoog blies), en ik *weet* dat zij na afloop van deze stroeve kennismaking met mij en alleen met mij had gesproken over het feit dat hij rare uitspraken had gedaan. Hij had op een eigenaardige, abnormale manier gepraat over zijn moeder. Volgens haar klonk daar haat en afkeer in door, terwijl hij juist deed alsof hij heel liefdevol was. Ik weet ook dat ze deze gewaarwordingen meteen weer wegdrukte, maar dat ze de bevindingen die ik haar in de weken en maanden die volgden overlegde alsof ze de resultaten waren van een wetenschappelijke proefopstelling, wél weer voorlegde aan mijn vader. In de hoop misschien dat hij die zou willen bekijken en onderzoeken. Of ze tenminste als aantekening 'ergens van' zou willen opnemen. (In een van zijn lange lijsten van statistieken bijvoorbeeld; in zijn agenda geplakte uitvouwbare vellen ruitjespapier waarop hij later ook mijn en Libby's menstruatiecyclus bijhield.)

Zoals ik er ook zeker van ben dat mijn vader, HEHH, niets van dit materiaal bestudeerde. Niets bevestigde of ontkrachtte, maar steeds met een verbazingwekkende kalmte heel stoïcijns bleef doen of geen enkel resultaat, bevinding of nerveus omhooggehouden feitje van wat zich op nog geen 750 meter afstand bij Toddie afspeelde (de kokende olie in de vissenkom, het opgestookte beddenlaken) van belang kon zijn. Misschien vónd hij het ook niet van belang. Ik heb hem in die hele periode nooit iets horen zeggen waaruit bezorgdheid over Toddie of haar kinderen sprak. Ik weet wel dat er *andere* feiten van betekenis waren, die in de hiërarchie van de dingen vooropgingen. En meteen duiken ze weer op. Die zinnetjes die ooit uit een mond moeten zijn gekomen, maar daarna als zelfstandige geestjes waren blijven ronddansen, en die zonder spijt of bedenking werden herhaald. Dat Toddie een loopse teef was bijvoorbeeld en dit ook altijd al was geweest. Een 'kut op pootjes', die al zwanger werd als je naar haar keek. Terwijl Henne veel keuriger maar nogal achterbaks was. Of dat vrouwen mannen gék konden maken met hun rotopmerkingen en valsheid en door ze uit te lachen, te *verneinen*, te minachten of te kleineren. En het gekke is, ook al hoorde ik van jongs af aan het ongemakkelijke, onrechtvaardige in deze zinnetjes, ik heb altijd geweten dat ze *waar* waren. En dat zowel deze 'Ton', 'Toni' P. in zijn synthetische pakken als mijn vader HEHH het van alles het meest vreselijke en onverdraaglijke vond wanneer ze zich uitgelachen of niet volledig serieus genomen voelden. Wanneer hun geen aanzien of op zijn minst een van behoedzame vrees doortrokken respect ten deel viel.

Dat daarom eens, op een zaterdag, in een land ver weg en lang geleden, een zware geslepen kristallen asbak door een badkamer vloog, die tegen de tegelwand smakte, zodat er een scherf vanaf sloeg, het ding met een klets in het water belandde, en deze scherf verticaal de pols van een zevenjarige binnendrong, zoals de ijsscherf het hart van het jongetje uit het sprookje 'De sneeuwkoningin'. Waarna een man, een *uitgegleden* man, die met zijn komische slippartij over de kletsnatte vloer bij zijn drie kinderen in de badkuip voor het nodige gegrinnik en gegiechel had gezorgd, toornig en zwijgend, met harde bewegingen, een kinderarm verbond...

En dat een vrouw van vijfenvijftig nu en dan, bijvoorbeeld wanneer ze opkijkt van haar schrijfwerk, dit dunne, fijne litteken van twee centimeter op haar pols ziet en zich de roffel van haar hart herinnert en de windingen van het gaas om haar hevig bloedende arm... het verband dun, wit, vederlicht... het bloed rood, helder, prachtig... het verbeten 'zit stil', de geur van aftershave, Tabac Original, met de zwartbruine wybertjes op het witte hardstenen flesje, en de handen en vingers op haar blote billen, en, deze spreidend, borend daartussen, als een appelboor. En haar machteloos opwellende, schrijnende lust...

Of dat er die geluidloze afdaling is naar de plek waar alles en iedereen zich nog bevindt. Kijk, daar vliegt de amberkleurige thee in een fenomenale boog uit de glazen theepot in de richting van Toddiewoddie, de 'kuthoer' met haar 'natte trut'. Ontsnappen er kreten aan haar keel. Valt haar zeegroene ochtendjas wijd open en trekt ze die beschaamd weer dicht over haar buik die me vertrouwd en dierbaar is. Het is de tijd waarin Toddie goedkope nylon broekjes draagt die ze 'slipjes' noemt. Met zwarte en paarse kant, en soms een uitgesneden kruisje en aan de bovenrand een strikje. Langs haar navel, een diep, kommavormig en geheimzinnig kuiltje, lopen twee ijle zilverwitte riviertjes. Merktekentjes van haar zwangerschappen. Ja, ze had hem uitgelachen, natuurlijk. Bespot. Belachelijk gemaakt. De waarheid gezegd. *Er geen doekjes om gewonden.* Ik was getuige...

Maar hiermee ben ik er nog niet als het gaat om schimmig gedrag. Er is nog iets de moeite van het vermelden waard. Niet alleen wist ik net als Toddie en mijn moeder dat deze gemakkelijk te krenken en haastig ingetrokken nieuwe huisgenoot niet te vertrouwen was. En merkte ik dat ze hun gevoel van naderend onheil wilden delen en liefst door iemand bevestigd wilden zien (bij voorkeur HEHH). Of dat ze hun zorgen probeerden weg te werken (zoals je dat bij grote herrie kan doen door zelf nadrukkelijk meer kabaal te maken en uit keukenkastjes en laatjes alle pannendeksels, potten, blikken, lepels, messen en vorken tevoorschijn te trekken, klangklengerdebeng!). Er was nóg iets, daaronder, daarachter...

Ik weet zeker dat mijn moeder en Toddiewoddie geloofden de zwaktes te kunnen doorzien van de mensen met wie ze leefden. Omdat ze die kenden, dachten ze die te kunnen beheersen. Waarbij hun trots hierop al het andere oversteeg. Zelfs hun oeroude gevoel van lijfsbehoud. Ik weet dat dit ook voor mij gold. Ondanks mijn angst en schrik was er geen moment dat ik me niet slimmer en bekwamer voelde dan deze 'Toni' P., die vanachter Toddies eettafel (een kopie van de tafel uit het ouderlijk huis) probeerde te heersen, maar die nog geen zin tot een goed einde kon brengen, er een infantiel taalgebruik op na hield, stompe vingers had, mes en vork met zijn vuist omklemde, en als een kind op zijn lip beet als hij iets schreef. Die niets kon, niets maakte, niets repareerde of tot stand bracht, maar wel bij het minste of geringste een woede-uitbarsting kreeg. Met plezier sleepte ik mijn boeken mee en stalde ze uit op de zware salontafel, een wagenwiel met een dikke loodgrijze glasplaat. De van thuis meegesmokkelde *Eerste liefde* en *Lentebeken* van Toergenjev, met een knisperend cellofaan omslag, bovenop. En ik voelde tevreden hoe hij me van een afstandje getergd opnam.

O, en ik wist en leerde nog wat anders. Je moet weten, ik had Toddiewoddie deze Toni zien plagen. Kleine pesterijtjes. Over zijn dunner wordende babykrulletjeshaar, zijn beginnende buikje... (Vanzelfsprekend zou een redelijk mens die opnemen als de plaagstootjes die ze waren en er goedmoedig of met een gevatte opmerking op reageren.) Ze *wist* dat de miniemste speldenprikjes hem konden doen exploderen. Ik had ook gezien hoe ze kruimeltjes getreiter voor hem uitstrooide *terwijl* ze al had ondervonden welke vergeldingsmaatregelen op dit soort vergrijpen volgden. Toch ging ze gewoon door en deed er nog een schepje bovenop. Luidruchtig, vitaal, helemaal niet ingetogen. Dat zij hem met haar kippenhersens toch maar mooi had verslagen bij een kaartspelletje. En dat een kind kon zien dat hij had valsgespeeld. Of dat hij voor iemand met een 'meesterbrein' wel *heel* rap was opgepakt en vastgezet... Dat ze als hij voor elke gulden die hij van háár uitgaf een dubbeltje in een pot zou doen, nu rijk zou zijn. Wetend dat de kans groot was dat een vuist haar oog zou raken, een puntige schoen haar zij, en dat ze de trap niet zou aflopen maar zou worden gegooid, rambam-bambammerdebam... Maar ze trapte bepaald niet op de rem.

'Vuile viespeuk,' riep ze, kort nadat ze hem met haar dochters op de wc had betrapt. 'Vieze smeerkees, gatverdamme, jij moet eens naar je laten kijken, want je spoort niet...! Nee, jij bent niet goed bij je hoofd! Er zit daar een draadje, een steekje bij je los... Jij mankeert wat aan je kop!'

En de vuisten roffelden en de theepot met de kokende thee werd naar haar toe geworpen en haar keel werd half dichtgeknepen en de neukpartij vond plaats. Hard, haastig, gemeen; haar verdiende straf... Waarna Toddiewoddie mij, nerveus aan haar ochtendjas peuterend, om hulp kwam vragen. Of ík de politie niet kon bellen, zij durfde niet.

Had dan ook je mond gehouden, dacht ik boos en treurig. Was dan ook niet zo oneindig stom, zo roekeloos. Ik begon in te zien dat er geen plek was waar ouderen en wijzen wonen en dat ik volledig op mezelf was aangewezen. Ik moest zelf een idee ontwikkelen over de wereld waarin ik leefde.

Maar iets anders begreep ik nog niet en leerde ik pas na de dood van Henne. Dat onder dit alles triomf lag en de lach van Toddie viel te horen... zoals die van actrice Jennifer Jason Leigh in Quentin Tarantino's *The Hateful Eight*. Rang! Wéér een slag voor haar kanis. Wat een gevecht, maar was het er een tussen gelijken of tussen ongelijken? Na afloop van deze western kon ik niet ophouden eraan te denken. 'Als ik je een keiharde elleboog voor je smoel geef, hou jij je kop,' zegt de *hangman* die haar, Daisy Domergue, heeft ingerekend en samen met een premiejager in een koets met haar op weg is naar de galg, 'begrepen?'

Woedend, met gebogen en afgeschermd hoofd, haar handen nog steeds om haar neus, gromt Daisy hem toe dat ze het begrepen heeft. Zie je wel, knikt de hangman naar de premiejager en die lacht zijn tanden bloot.

Maar dan komt Daisy omhoog, haar kapotgeslagen gezicht groots in beeld. Uit haar neus lopen dikke bloedstriemen stroperig over haar mond naar haar kin. De premiejager lacht naar haar en zij kijkt hem aan, bijna lijzig... en dan doet ze iets opmerkelijks. Ze lacht naar hem, en geeft hem een kort, vettig knipoogje. En hij schrikt, onthutst. Waarna ze tergend langzaam, zonder haar blik van hem af te wenden, het bloed van haar lippen likt en hem nog eenzelfde knipoogje geeft voor ze weer achteroverleunt. Dan kijkt ze uit het raam, in gedachten en pijn verzonken, werpt opnieuw een blik op de premiejager, en lacht weer. Een alleswetende grijns.

Ik zweer je: dat is de grijns van Toddie.

In 2015 verscheen een boek van misdaadjournalist Hendrik Jan Korterink met de nogal prozaïsche titel *Moordenaars in Nederland*, waarin een hoofdstuk is gewijd aan het criminele koppel Toni en Hannie, wier eeuwige en onverwoestbare liefdesband werd gesmeed direct nadat Toddiewoddie zich bij pater Poels had verschanst.

In koele klinische bewoordingen beschrijft Korterink de bepaald niet rooskleurige achtergrond van (de op 4 mei 2016 vrijgelaten) Toni en zijn liefje (dat overleed in detentie). Toni had drie 'vaders' gehad en talloze mishandelingen meegemaakt. Zijn moeder was uit de ouderlijke macht ontzet. In 1975 ontmoette hij Hannie, wier levensloop zo mogelijk nog tragischer was, met incest in de familie. Opmerkelijk: de overeenkomst tussen het gedrag van haar vader en dat van haar echtgenoot. Ook de psychische vermogens van het echtpaar komen aan bod. De vrouw zou apathisch en emotieloos zijn geweest, een 'ijskonijn', Toni wars van autoriteit, met het ware 'souteneurssentiment'. Volgens justitie ging het om weinig intelligente verdachten, die echter volledig toerekeningsvatbaar waren, en was er sprake van het 'meest vergaande zedenmisdrijf'.

'Mijn man fotografeerde graag lolitaplaatjes,' zou Hannie in 1984 hebben gezegd tijdens de rechtszaak.

'Nee-nee-nee, ik werd ertoe gedwongen, had zij me

er niet toe aangezet, dan had ik het nooit gedaan. Dan had ik helemaal nooit ontdekt dat ik dit soort spelletjes wilde,' schijnt 'Ton', 'Toni' P. toen gesnikt te hebben. Met die 'spelletjes' bedoelde hij zijn behoefte aan kinderporno, waarvoor zijn vrouw 'zelfs haar eigen nichtjes had laten opdraven' en waarmee hij naar eigen zeggen pas bij haar voor het eerst in aanraking was gekomen.

'O, jij valse en *gemene* leugenaar,' roep ik hier vanaf de bank. Want hij loog het natuurlijk; het waren krokodillentranen.

En ik kan het weten: ik was een van die lolita's.

*

In Amerika houden onderzoekers zich al jaren bezig met een boeiend onderzoek. Ze zijn op zoek naar het geheim achter de bijzonderste chemische substantie ooit: de geur van angst. Hiervoor hebben ze veel aan wat al bekend is over mieren. Die communiceren voornamelijk door middel van feromonen, stoffen die ze uitscheiden om door andere mieren te worden geroken of geproefd. In de vroege jaren zestig maakten nieuwe microanalysetechnieken van natuurlijke chemische stoffen het mogelijk om zelfs een miljoenste gram te detecteren, de hoeveelheid die gewoonlijk wordt gedragen door één enkele mier. Alarmferomonen die vrijkomen uit de mandibulaire klieren blijken een mix van keton methylheptaton en alcohol methylheptanol te bevatten en deze mierenferomonen zijn bijzonder efficiënt. Het trailferomoon van de Noord-Amerikaanse bladsnijder (de *Atta Texana*) bijvoorbeeld is zo krachtig dat entomologen schatten dat slechts één milligram van deze stof (nauwelijks een spoortje voor mensen, maar grofweg de totale hoeveelheid die in een kolonie kan worden gevonden) voldoende is om een werkmier over een afstand van 135 000 kilometer te leiden (dat is ruim drie keer de wereld rond).

Ik veronderstel, nee, ik weet eigenlijk wel zeker dat een dergelijk feromoon een belangrijke rol heeft gespeeld in mijn gang naar en verblijf bij Toddie. Blijkbaar is het zo, heeft wetenschappelijk onderzoek aangetoond, dat wanneer je tot object wordt gemaakt, plat moet liggen, geen geluid of kik mag geven, je een geur afgeeft. Een riek van angst die je begeleidt. Of zelfs een van gemakkelijke overgave, omdat je hebt geleerd dat snelle capitulatie het beste is.

Waarom verfoeien we 'slachtofferschap' en het slachtoffer zo? Wat maakt het zo beschuldigend, pijnlijk en beschamend? Kafka beschrijft deze afkeer in *De gedaanteverwisseling* en in *De plattelandsdokter* (waarin een arts weerzin voelt jegens zijn patiënt). De eerste Japanse moderne schrijver Ryunosuke Akutagawa verhaalt erover in 'De rovers', waarin een aan de pest overleden vrouw om besmetting te voorkomen is achtergelaten in een hut buiten de stad. De verteller loopt langs en ziet de honden kluiven aan de dode. Door afschuw bevangen loopt hij verder. Op de terugweg, de honden knagen nog steeds aan haar, merkt hij dat de vrouw nog leeft...

Maar haar hopeloze toestand wekt geen mededogen, enkel walging. Alsof ze verantwoordelijk is voor de gevoelens die dit tafereel in hem opwekt.

Het is die finale toestemming, en de pestilente geur die de angst afscheidt, die een merkteken is.

In ons nest hing hij dik en zwaar, en die geurcellen begeleidden ons overal waar we gingen. En – dit kan nu bevestigd worden – er zijn anderen, ik noem ze *bigguns* (groteriken), die deze cellen herkennen, detecteren, opsnuiven. Hoe miniem de hoeveelheid ook is, hoe goed je ook je best doet ze te verhullen.

Ik heb parfum gekocht, zo lang ik me kan herinneren... het antieke notenhouten ladekastje in mijn werkkamer is er tot aan de nok toe mee gevuld. Coco Chanel, Venezia, Roma, Guerlains L'Heure Bleue en Mitsouko, Ysatis van Givenchy. Het is nooit genoeg. Nog steeds spring ik soms op, loop naar de gang, daal de trap af en staar in de ovale spiegel naar mijn schrikgezicht. Ik haal mijn vingers door mijn haren. De adem stokt...

Heb je de dingen wel goed verborgen? Heb je alles wel goed verstopt? Zullen komen om te kersenpikken... Doen ze altijd. Herinner jij je maar. Met hun vingerwortels in alle ravijntjeskierenspleten en jij de blinde, bijziende brillenjood die 's nachts stiekem bad om tieten. Knikjes van de grijze beesten, knikjes van de grijzen. Zullen komen. Kunnen voor- en achteruit in de tijd. Zullen nemen. Nu nog niet. Op een dag. Zullen weggaan, maar komen terug om te kersenpikken. Iets zal worden genomen. Willen niet zeggen wanneer of wat...

Kunnen ruiken waar het is, ruiken de zenuwenwindjes... prttt, frrrt, flllt. In alle kamerruimtes en over lichtjaren afstand. De angstnevel van methaan.

Zodat mijn afdwalende omzwerving zich tegenwoordig helder laat lezen voor wat ze was. Een bij vlagen kluchtige ontsnappingspoging waarbij ik een geurspoor volgde dat ik al kende en dat – ook al was dit spoor bij Toddiewoddie vermengd met de geur van gebakken boterhammenworst en Tosca-poeder – er een van een onmiddellijke herkenbaarheid en elementaire vertrouwdheid was. Een aroma dat Toddies herberg direct verbond met zijn duistere bron: ons huis in de Damstraat. En in relatief korte tijd (twee jaar) liet zien wat hij was: de reproductie van wat voor mij althans de Platonische Idee, het Origineel moet zijn geweest. Omdat ik natuurlijk geen benul had (al vond ik mezelf inmiddels heel wijs en volwassen) dat ook dit origineel weinig meer was dan de herhaling van een donker gat in een berg waarin ik me nu eenmaal (soms met, soms zonder gelijkaardige biggetjes) heb bevonden.

Want het is moeilijk, zeker op die leeftijd, om jezelf en de dingen die je overkomen op te vatten als anders dan speciaal jou betreffend. Bovendien moeten observaties worden herhaald om de waarheid vast te kunnen stellen. Zodat je naar eer en geweten kunt zeggen: 'Deze situatie komt sterk overeen met die die ik eerder heb waargenomen.'

Een vijfjarige doet een handstand. Een flodderig wit onderbroekje wordt zichtbaar. Twee ogen beginnen te glanzen en een stem zegt schor: 'Zo, die kleine is al heel geraffineerd.'

'Bij ons thuis hebben wij een nest jonge poesjes, heb je geen zin om die eens te komen bekijken?' vraagt een vrouw op 7 juni 1982 aan een negenjarige. Die stapt achter op de bagagedrager en krijgt in de Billitonstraat siroop met tot poeder gestampte slaapmiddelen te drinken.

'Zet je bril maar af,' zegt een fotograaf tegen een ander, die in haar mooie jurk en met het donkerbruine haar in strakke staartjes voor de gashaard in een middenstedelijke bovenwoning zit. 'Kijk eens, zo ben je best een aardig meisje om te zien... Meneer en mevrouw Holbein, mag ze niet eens bij mij thuis komen voor wat foto's?' (En later misschien ook het broertje en het zusje...)

'Geen sprake van!' wil je roepen vanaf deze kant van de geschiedenis. Ook omdat je weet wat men werkelijk op die foto's afgebeeld zal willen zien, wat nogal afwijkt van de onschuldige kiekjes die in het familiealbum terecht zullen komen. Maar geen mens die jou daar kan horen, uiteraard. Ja, alles was en is al gebeurd en de sirenes zijn sindsdien aan blijven staan. Sirenes in het oor, drums in het hart...

En Toddiewoddie verlaat haar huis, op haar zachte stoffen slippertjes.

Toddiewoddie verdwijnt, lost op, poef!

En ondergetekende, danig gealarmeerd, maar vooralsnog weinig succesvol in haar poging aan de rol van cassandra te ontkomen, keert terug naar de ouderlijke Holbein-woning. Daar begraaft ze zich in boeken en wijdt ze zich in het diepste geheim aan het voor geen mens toegankelijke onderzoek naar de overeenkomsten en correlaties, de spiegelingen en afschaduwingen van de beide haar bekende huishoudens. Waarbij ze zich, bezweringen murmelend en formules krassend, alvast bezighoudt met het bedenken van mogelijke ontsnappingsroutes. Met het zoeken naar maskers, het wetten van mes en zwaard en het klaarleggen van schaartjes en priemen. Terwijl ze droomt van de fantastische dingen die ze zal doen als ze zelf eenmaal een biggun is.

Ik dacht dat ik alles wist wat er te weten viel en alleen nog maar hoefde te proberen tot een ont-weten te komen. Al voelde ik me soms bepaald vermoeid. Een in een kameelharen mantel gehulde heremiet die meende dat de rest slechts een kwestie van geduld was. Van het scherpen van de blik en het slijpen van wat vaardigheden.

In mijn naïviteit had ik de vluchturen niet meegerekend.

Het leven distribueert niet bepaald evenwichtig en harmonisch.

'Steek d'r keel maar door met die schop,' zou Toni over Digna gezegd hebben. En ook dat ze maar *bleef* zeuren dat ze naar huis wilde...

Soms is er grote rusteloosheid. Is het wel mogelijk af te dalen in die maalstroom? Op zoek naar feiten waaraan je je vastklampt als aan wrakhout in onstuimig water? De feiten die je weer moet loslaten. Met de misselijkheid die je kan overvallen na het eten van een suikerspin en het plaatsnemen in de draaimolen op een kermis, beweegt je geheugen ernaartoe. De verf op het witte paard bladdert, de roze eenhoorn leeft niet echt, de beer tolereert zeker geen mensenkind op zijn rug. Met ijzeren staven zit het allemaal aan elkaar vast, het draait en beweegt, maar het komt niet vooruit. En in het midden staat de man die de kaartjes heeft verkocht met een glimlach om zijn lippen. Heel goed wetend dat er kleur is die niet beklijft, plezier dat nooit werkelijk heeft bestaan. De poppen die in het huis werden verplaatst: Bella met het gouden Rapunzelhaar op de spiegellinnenkast in de ouderslaapkamer, Stella met haar knipperogen op de wasmachine, Esther (blauw matrozenjurkje met wit befje) en Corrie (luidsprekertje 'mrrama-mrrama' in haar holle borst) in de hoek bij de badkamerdeur. Om het voor een vader mogelijk en gemakkelijker te maken door een gang te sluipen... een meisjesslaapkamer opnieuw binnen te gaan... De feiten die worden bevestigd, die niet zomaar nachtmerries blijken of de erupties van een bewogen en verwarde geest, maar die terug te vinden zijn in de vorm van data, namen, krantenartikelen, rechtbankverslagen. Van levende mensen. Of van doden die allang verdwenen en uiteengevallen zijn en zich ondergronds verbergen in hun houten huisjes met stenen of marmeren dak.

Een voor een komen ze voorbij, duiken ze op. Armoedig, aangevreten, belachelijk... van dichtbij bekeken helemaal niet goed gemaakt... in elkaar gezet door dikke vingers. In elkaar geknutseld door lui met macabere fantasietjes. Feiten en feromonen die je nachtrust verstoren en die je vertellen dat je dagen en nachten nooit afgesloten waren. Dat er anderen zijn geweest, drankjes geslikt, snoepjes gekauwd, kiekjes gemaakt (van lulletjes en kutjes, van *piggywinkle*-biggetjes op een rij, neusje tegen kontje). En dat onder deze diffuse, angstaanjagende havikmensen ('leg je bril daar maar neer') HEHH de best opgeleide, meest verfijnde en Humbert Humbertiaanse was.

En wellicht het enige brokstuk in die hele draaikolk om je aan vast te klampen.

*

Maar hier moet ik mezelf onderbreken en aandacht vragen voor een fenomeen dat het ernstig bemoeilijkt om dit verhaal helder en chronologisch te vertellen. Voor een chronologische vertelling is een helderheid in het denken noodzakelijk. Een vermogen waarover ik heel lange tijd niet beschikte.

Gaf ik eerder aan dat HEHH een meester was in het bedrog omdat hij zelfs dit bedrog als sneeuw voor de zon kon laten verdwijnen (toen ik zei dat hij een magier was, een tovenaar en sjamaan, bedoelde ik dat in de meest letterlijke zin en betekenis: hij kon wonderbaarlijk van gedaante wisselen, verschillende verschijningen aannemen en op verschillende plekken tegelijk aanwezig zijn), nog bijzonderder was: hij kon ook mij laten verdwijnen, zijn allergrootste wisseltruc, en iets tevoorschijn toveren wat op mij leek maar toch anders was... Omdat het vrijwel onmogelijk is iets te zeggen over de eerste keer dat deze truc werd toegepast, kan ik maar beter naar de laatste keer dat zoiets gebeurde... en terugkeren naar een moment waarop opnieuw een grote knip in mijn bewustzijn werd aangebracht. Niet toevallig een gelegenheid waarbij ik me bewust werd van de truc. Al duurde het een half leven voor ik grip kreeg op de aangebrachte veranderingen.

1975 bleek in alle opzichten een markant jaar. Een waarin de Koningin-Arriera, haar longen zwart van rook, vanbinnen bedekt met pek en teer, werd opgenomen in een sanatorium voor luchtweglijders. Een wit gebouw met veel ramen een eindje buiten de stad; een glazen kasje tussen de bomen, de bossen van Zeist. Daar verbleef ze enkele maanden. Wij bleven achter bij Henri Elias en bezochten haar zo vaak we konden, gebruikmakend van het openbaar vervoer (hij bezat geen auto): de streekbussen van Centraal Nederland – of de fiets.

Het was de tweede keer dat mijn moeder Anna Alida wegdreef, en ditmaal dreef ze nog verder weg dan voorheen, omdat haar plek werd ingenomen. Er was een kuil, een leemte in het nest die moest worden gevuld.

Zie je – Henri was ontroostbaar. Erg, heel erg ontroostbaar...

En er zijn spookachtige herinneringen aan ons, aan Libby en mij, in de blauwe ouderslaapkamer, waar we werden geplaatst volgens de tangramregels. Henri het zwarte vierkant, ondergetekende de driehoek, ertegenaan of eroverheen geschoven, zodat het geheel eindigde met een scherpe punt, en Libby het (niet passende, afwijkende) ronde stukje een eindje verderop aan de deurkant van de echtelijke sponde. Anna Alida's groene satijnen peignoir aan een haakje langszij de spiegelkast.

Daarbinnen, in reflectie, voor wie durfde te kijken: de nieuwe familiestructuur. Libby met haar warme blonde hoofd op het kussen. Haar open mond, speeksel druppend op de sloop, misschien een incidenteel ontwaken en een nerveuze blik opzij, voor ze werd aangespoord om weer te gaan slapen. En ondergetekende en de Minotaurus in een o, zoveel meer uitgelijnde, uitgelichte compositie.

De ijsvlakte begon daar en strekte zich daar uit. Met de kerven en zigzaglijnen van een wilde schaatser.

Kaj in de vroege ochtend een wezenloos onnozel en onbereikbaar schepsel van ondraaglijke zachtheid. Zijn waterschildpadjes waren doodgegaan, zei hij, ze dreven op hun rug in het aquarium, hij had ze door de wc gespoeld (later bleek dat ze in winterslaap verkeerden), en de gang vanuit deze hoek en dit perspectief gezien eindeloos lang, als de Midgaardslang uit de *Edda*.

Wat ooit een begin had werd toen en daar besloten. Alle rollen gespeeld, alle stukjes geschud, alle tangramregels gebroken. Het vierkantje gedrukt op het driehoekje, het rondje geperst uit de rechthoek... En ondergetekende, die beneden bij de eiken tafel de drie biljetten accepteerde: 3 × 25 gulden, voor de felbegeerde Palomino-broek, in de kleur van geplette bessen...

Heathcliff, it's me, I'm Cathy...

Hoe dan ook. Henri zei dat er geen reden was om te huilen. En ik was al twaalf. Dus hij had waarschijnlijk gelijk.

Ik denk niet dat Anna Alida ervan op de hoogte was dat ik tijdens haar afwezigheid was veranderd in een bodysnatcher. Toen zij in haar glazen kistje lag, onder haar witte lakens, met een uitzicht op de bossen, gewekt en begroet door een verpleger met verse pilletjes in allerlei vormen en kleuren, en op de wang werd gekust door Henri, die in de vooravond bij het bezoekuur haar verboden sigaretten smokkelde. Caballero, zonder filter.

In de enige (en ongepubliceerde) roman die mijn vader schreef, *Pinacotheek voor een blinde* (in lichtblauw karton gebonden, 300 vellen A4, getypt, met gestanste gaten voor de metalen binder), is de hoofdpersoon een jonge man, Paul, die in de armen van een veel oudere vrouw terechtkomt. Het gaat over een gevoelige, blonde, in zichzelf gekeerde jongen met een hoge intelligentie en een buitengewoon tekentalent. De vrouw is blind, ik ben vergeten wat haar het zicht heeft ontnomen, en hij maakt schilderijen; alles is voor haar bestemd, op elk doek beeldt hij haar af, heel zijn leven is één grote eredienst, een poging om te knielen voor deze vrouw als muze en godin, om na afloop, als het altaarstuk gecreëerd is, uit het zicht van de wereld in haar armen te mogen verdwijnen als het kind dat door de volwassene wordt opgeslokt.

De werkelijkheid was onbarmhartiger.

Henri Elias Henrikus Holbein voltooide deze roman kort na Anna Alida's terugkeer uit het sanatorium, in de zomer van dit jubeljaar '75, waarin we verhuisden naar de groengrazige weiden van een buitenwijk, en Toddie vergaten. En waarin Henne, die in allerijl een woning in de buurt zocht, vond en die met haar man en kinderen betrok, toch maar sporadisch op bezoek kwam. Ze zat altijd met haar jas aan op het uiterste puntje van een stoel, klaar om weer te vertrekken. Ik heb een helder beeld van haar in haar witte lamajasje met pluizen op de spiksplinternieuwe fauteuil in de hoek bij de deur. Een eiken gevaarte met kussens van helrode stof waarover zwarte rozen kronkelden en waar ook een driezitsbank bij hoorde. Een ameublement dat mijn moeder, die regelmatig de hoop uitsprak in Nieuwegein 'met een schone lei' te kunnen beginnen, en die door mijn vader ruim bedeeld was met geld voor de inrichting, samen met Max had uitgezocht en dat afkomstig leek uit Blauwbaards inboedel.

Sweets for my sweet

Niet lang na al deze reuring en mijn persoonlijke paniek ontwaarde ik bij mezelf de eerste kiemen voor een gedachtegang die in de loop der jaren zou uitgroeien tot een taaie liaan en zich grofweg als volgt laat omschrijven: goed, het was eens leukliefenmooi, maar nu is het weg of kapot en moet je niet jammeren of treuren, maar je inspannen om ooit een goed leven te kunnen leiden. Daarbij moet je je blik strak gericht houden op de lijn die de levenden scheidt van de doden, de wakkeren van de slapenden, de hopelozen van de hulpelozen – en je concentreren op wat je wilt bereiken en de plek waar je naartoe wil. Om, mocht je daar op een dag aankomen, een glas robijnrode wijn voor jezelf in te schenken en erop te klinken dat je zover bent gekomen en dat de kloof tussen jou en de achterblijvers aangenaam groot is geworden. Zelfs als je daarvoor een beetje of beetjeveel hebt moeten liegen. Want het is beter om op iemand te lijken die *altijd* al robijnrode wijn uit een mooi kristallen glas heeft gedronken.

En doet zich onverhoopt een nare situatie voor (die je ergens aan herinnert), dan moet je in gedachten houden dat er een limiet zit aan wat een mens als zijn ongeluk kan claimen en dat je niet iedereen mee de prettige, gerieflijke ruimte in kunt nemen. Als jij voorlopig (onder welke schimmige voorwaarden?) bent toegelaten tot de hal met de geweven wandtapijten, betekent dat nog niet dat *iedereen* naar binnen mag. Misschien lukt het jou om bij de deur een paar modderschoenen achter te laten. Maar twee, drie of vier paar – van anderen?

Het beste wat je daarom kunt doen is de robijnrode wijn leren drinken; slokje voor slokje, met je pink nuffig omhoog, tot je vergeet...

Rode wijn, is algemeen bekend, heeft de neiging hierbij te helpen. Robijnrode wijn doet dat goed.

Eén paard neer, nog twee te gaan...

Twee paarden neer, nog één te gaan...

In dezelfde periode werd Toddiewoddie verkracht. Er volgde geen aangifte. Niemand wilde haar daarbij ondersteunen. Ze raakte zwanger en stond het kindje direct na geboorte af. Dit alles voltrok zich in het Diepste Geheim, want Toddiewoddie was toen al Taboe. Niemand sprak over haar zolang ze zich in haar vreeswekkende toestand bevond. Het is niet ondenkbaar dat men haar op de plek waar ze verbleef het voedsel aanreikte aan de punt van een lange stok, zoals men dat met onreinen placht te doen, en haar elke nacht in zwarte lakens wikkelde. We bezochten haar niet. Ook tijdens de bevalling was ze alleen. Ik zag haar pas terug in 1977.

Het moet in dezelfde tijd rond onze verhuizing en Toddies verdrijving (en mijn 'bevriezing') zijn geweest dat ik me begon bezig te houden met het lezen van horrorverhalen en het maken van nogal verontrustende en angstaanjagende tekeningen, die ik met een puntige kroontjespen en veel gevoel voor detail in ecoline of Oost-Indische inkt op hagelwitte vellen kraste. Afgehakte handen. Afgehouwen hoofden. Darmen die in trossen als bloemenslingers uit buikholtes puilden... van bloed druipende vingers, gekliefde halzen, losse armen en benen (o, dat moet ik erbij zeggen: de gemartelden waren altijd vrouwen).

'Pchachtig, pchachtig,' zei de tekenleraar op het gymnasium waar HEHH mij, brugklasser, dagelijks vanuit ons Nieuw-Arcadië naartoe begeleidde voor hij omkeerde en zijn weg zocht naar het Centrum voor Data-analyse aan de Varkenmarkt. Eerst reden we in de helgele met forenzen volgepropte streekbus langs de weilanden en steppegebieden van het niemandsland dat onze woonstee scheidde van de stad. Daarna ging het gezamenlijk van je stappestappestap over de ochtendstille straten en de grachten met hun donkere water naar het imposante schoolgebouw. Waar de leraar met zijn gezicht als een poffertje, zwart haar, omhooggekruld snorretje, coltrui en zwartfluwelen jasje met een kraagje vol roos als een opgeblazen replica van Salvador Dalí op en neer sprong en orgastische kreetjes slaakte. 'Ach' (hip, hip, hip) 'kijk die tekeningen nou toch...!' (hip, hip, hip) 'Het lijkt warempel wel de Tuin der Lusten...'

Zeker (zal ook hij gedacht hebben) beschikte ik over voldoende inspiratiebronnen. Had ik niet in de kunstboeken (die HEHH bij boekwinkels als De Slegte aanschafte), met afbeeldingen die nu werden beschenen door het licht dat in ruime mate door onze doorzonramen naar binnen viel, de plaat van Aubrey Beardsley gezien waarop Salomé het bloederige hoofd van Jokanaan omhooghoudt? Of Caravaggio's *Judith onthoofdt Holofernes*? En van Gustave Moreau *L'apparition*, met de stralenkrans rond het eenzaam zwevende gelaat van Christus? Evenals Gustave Courbets *Le sommeil*? Twee jonge naakte vrouwen – een donkerharig, een rossigblond – in lustvolle omstrengeling op een doorwoeld bed... Kende ik niet het flagellatietafereel, eveneens van Beardsley? Net als de koele maar toch zinnelijke vrouwen van Klimt? Of de ziekelijke van Egon Schiele met onder opgeslagen rokken hun mosselgrauwe geslacht? Maar ook... en waar had ik ze toch voor het eerst gezien... in het huis van Toddie of in het schemerige kamertje van Max... (want wat was alles vertrouwd en overbekend) – de gewelddadige *adult pulp art comics* met veelzeggende titels als *Jacula*, *Meanwhile Back at the Morgue*, *Oltretomba*, *Frigidaire*, *Cannibale*. Of gewoon *Terror*! *Horror*!

Martelerotiek vol afgesneden borsten die als lotusbloemen op schalen werden opgediend. Kronkelende lichamen, polsen die in ijzeren boeien waren geklonken of met ruwe touwen waren vastgebonden. En soms de verademing van een wraakgodin. Vampirella! met haar gitten laarzen, majestueuze dijen, rode latex monokini en snelle verstand. Ze was afkomstig van de planeet Drakulon, waar alle rivieren van bloed waren. (LOOK OUT! SHE'S WAITING INSIDE THIS FIRST COLLECTOR'S EDITION... FOR YOU!)

Het lezen ging door, passend, verlokkend... ik was immers volledig ontwikkeld. Nog twee jaar, hooguit, en dan ging het door naar het werk van Markies de Sade. En het schrijven begon. Al moest ik alle woorden nog vinden.

Wie naar me keek zag vooral een minicourtisane. Druk bezig met regelen, organiseren... met de educatie van Libby (ik deed het voor in de lucht: 'je hand er niet te strak omheen doen en dan rustig op en neer') en het ontplooien van een stoïcijnse geest. *Hustlin'-bustlin'*, trachtend het *umph-umph-umph*-deuntje te negeren, terwijl ik verkleed en opgetuigd in mijn eentje kroegen en discotheken bezocht.

In ieder geval, daar was ik: Pallas Athene, in volle wapenuitrusting ontsproten aan het voorhoofd van mijn vader.

En in 1976 of '77, kort nadat Max officieel uit huis was gegaan, waarna Libby zijn vrijwel onbeslapen, nog naar 'nieuw' ruikende kamer kreeg, zodat zij en ik voor het eerst in jaren gescheiden sliepen, wat nog geen sinecure was, vroeg ik om een slot op mijn slaapkamerdeur. Mijn bed bevond zich er pal tegenover en ik sliep weinig in die tijd. Ik puzzelde obsessief, loste cryptogrammen op en vulde rekenpuzzels in. Maar de Minotaurus bezocht me niet meer. (Mogelijk zocht hij nog een tijdje in de onttakelde kamers van onze oude woning en klopte hij daar radeloos de wanden en vloeren af, op zoek naar het dingmeisje van weleer. Of krabde hij als een bezetene aan het behang.)

Ook leek hij me niet te volgen naar Groningen, waar ik in 1978 als high-school-drop-out (en hongerkunstenares; ik had de 'modeziekte' anorexia nervosa) een klein mosterdkleurig kamertje betrok om aan het tweede deel van mijn leven te beginnen.

Het kan dat hij bij Libby was.

En zo groeide het verder, op, en uit elkaar. Henne, Toddie, Libby en ik. Zonder taal, zonder gedeeld vocabulaire. Wakker schrikkend op hetzelfde uur, wachtend, wakend ('ik trek een splinter uit het beddenhout, en houd hem op de deur gericht...'), door spukhafte Fernwirkung verbonden.

Laat me nu opnieuw door de spekkoek van de tijd snijden waarin al het bestaande, zich voordoende en voorgaande zo hecht wordt samengedrukt; er is geen andere manier. Al eerder vertelde ik dat onze Holbein-kosmos, wild en ongenaakbaar, maar nooit ongeletterd, verschillende talen omvatte. De taal van 'de achterbuurt', doorspekt met Bargoens en flarden Sinti, Romani en Jiddisch (*toges, temeier, kapsones, pieremachochel, achenebbisj, kouwe kak, sores, gajes* en *tinnef*), verrees naast de exacte taal van de wiskunde (de '*wiskonst*' zoals Simon Stevin die in de zestiende eeuw noemde: de kunst van het gewisse of zekere), de scheikunde en de informatica. De taal van voorschriften, geboden en pauselijke of holbeiniaanse decreten ('Je houdt je kop tegen je moeder of ik doe je wat!' 'Niemand heeft hier wat te willen, alleen ik!' 'Jullie zijn witgepleisterde graven: vanbuiten bont, vanbinnen stront!') klonk naast het 'technische' of wetenschappelijke Duits, het zilveren Kerklatijn en het goudbrokaten 'aristocratische' Frans.

Ik was gefascineerd door deze talen. Hoe ze botsten, schuurden, disharmonieerden.

Echter, naast dit talige voedsel was er ook het voedsel voor het lichaam. Met HEHH als buitengewone bereider.

Verzorgde Anna Alida de doordeweekse maaltijden van groente, aardappelen en een stukje vlees (karbonade of een gehaktbal), van HEHH's hand waren (op vrijdag, zaterdag en zondag) de lobbige vanillepudding, de romige chipolatapudding met sukade, rozijnen (rimpelig en vol, als de op de vensterbank achtergelaten bromvliegrompjes van Malle) en bittere amandelnoten om tegen je verhemelte tot gruis te drukken. Hij bereidde de chocoladepudding (warm uit de pan in keramieken schaaltjes geschonken en meteen stollend, met onder het aardebruine vel geheimzinnige dikke cacaoklontjes) en de van suiker knisperende slagroom op de klopper (twee garden in de kom, één voor Libby, één voor Kaj, een houten lepel voor ondergetekende). De vrijdagse boodschappen brachten de roze, witte hele en gestampte muisjes van De Ruijter (hofleverancier); de hele met een grijszwart anijspitje dat tussen je tanden bleef steken. De vlokken van Venz: op het witbrood regende het manna uit het aluminium tuitje. De potten Hero-aardbeienjam, Nutella-hazelnootpasta en pakjes roomboter...

En toen wij Holbeiners nog rijker waren en de schrijnende armoede van onze voorgangers allang was vervangen door de herkenbare in voedsel uitgedrukte welvaart van de middenklasse, kwam er op zondag krentenbrood met amandelspijs (de eerste sneetjes nog zonder het pasteihart van noten en suiker), en tuttifrutti voor bij het gevogelte of de rollade (altijd donker van vel, krokant van korst en voor het binnengaan in de oven bestreken met stroop of bestrooid met bruine basterdsuiker).

Ja, om de dag vlees op tafel. Vette gebonden jus en *voortreffelijke* zoetigheden. We waren allemaal dol op deze lekkernijen die vooral voor onze moeder bestemd waren. Maar had zij gekozen, dan mochten wij ook.

Ze waren verzachtend, kalmeerden. We stalen ze ook.

Daar sloop Kaj door de keuken. Hij drukte de schaaltjes met de kostbare inhoud tegen zijn borst en beklom behoedzaam de trap.

We waren zeker verzot op suiker in onze familie.

Misschien valt dan te begrijpen hoeveel wilskracht ervoor nodig was om dit alles af te wijzen en het bord terug te sturen naar de keuken.

Zoals ik deed, een jaar nadat we onze nieuwe woning hadden betrokken.

Zoals Henne heeft gedaan.

Tot op de dag van vandaag weet ik niet of Hennes levenseinde haar capitulatie of wraak was. Een *fuck you!* naar de wereld, zoals een opgestoken middelvinger. Of de buiteling van een verdorde plant die zo licht is dat de wind hem voor je uit blaast. Al ken ik de 'uitkomst' of het 'eindresultaat' van haar leven, toch heeft die een speurneus van me gemaakt. Haar langzame uithongering, de weigering om naar het ziekenhuis te worden gebracht en het oesterachtige leven dat ze jaren aaneengesloten leidde met haar gebutste zoon, die even raadselachtig glimlachte als de Mona Lisa, of Velázquez' *buffoon* Juan de Calabasas. Tijdens haar uitvaart hield hij een zwartharig barbiepopje in zijn hand.

Hier hoort een anekdote bij die verbonden is met een van de weinige dingen die ik weet over Hennes jeugd. Op een dag in 1958 kwam HEHH thuis van zijn werk met de mededeling dat over enige tijd een nieuw meisje in huis zou komen wonen. Niet zomaar een meisje, nee, een heel mooi meisje met lang zwart haar, een slank figuurtje, een prachtig gezichtje – met een fijn neusje en dikke zwarte wenkbrauwen. Ze zou haar eigen ruimte krijgen en Henne en Toddie zouden voortaan alles met haar moeten delen. Toddie reageerde lauw op dit bericht. Maar Henne moet door de aankondiging zijn verkrampt en sliep en at wekenlang slecht. Maart 1959 was het zover, de nieuwkomer zou haar intrek nemen. Thuisblijven van school om haar op te wachten en te begroeten mochten ze niet, ze zouden haar pas na de schooldag ontmoeten. Toen ze terugkwamen, Henne aarzelend, misselijk van de zenuwen, bestudeerde Henri hen zorgvuldig. Op de grote televisie stond een koperen standaard met daarin de eerste Barbie van Mattel, met haar gitzwarte nylon haren, in al haar elegante en stijve perfectie.

Het verhaal over Hennes afgunst was er een dat met graagte door Henri werd opgehaald. Hij was er trots op de bedenker te zijn van dit toneelstukje waarin ze, zoals hij moest hebben voorspeld, volmaakt haar rol van het door jaloezie verteerde kind had gespeeld.

Wanneer is Henne haar haar ravenzwart gaan verven? Ze is dit blijven doen tot aan haar dood en is het tot haar dood blijven ontkennen. Ik ken haar nauwelijks anders dan met koolzwarte haarstrengen tot op haar billen. Pas toen vrijwel alle kinderen uit de buurt 'daar is de heksheks' scandeerden als ze naar buiten kwam, zette ze er de schaar in.

Na het overlijden in 2005 van onze moeder Anna Alida, die de laatste getuige van Hennes huishouden was geweest, waren mijn zus en haar zoon, onze neef, de bewoners van een geheime plek geworden. De donkere tempelruïne van de zieken, gehandicapten en behoeftigen. Een schaduwrijk oord dat volledig buiten het economische leven en de productie- en consumptieprocessen van de stad viel. Met alleen Malle die haar daar af en toe bezocht en als een bezorgde dokter om haar heen drentelde: 'Zeg, Henne, jij éét toch wel genoeg? Zorg jij nog wel voor jezelf?'

Haar huis was een puinhoop na haar dood, heb ik gehoord, een augiasstal. Ze had al een tijdje niet meer aan poetsen en boenen gedaan. En haar inwonende zoononzeneef was iemand die geloofde in de verdergaande taken van de moeder de vrouw. Orde was er alleen in haar koelkast, waar een eenzaam brandend lampje niets dan lege rekken bescheen.

In zijn laatste levensjaar kwam HEHH wel eens bij haar langs op de fiets, voor een kop koffie. Die zal ze hem netjes hebben voorgezet, twee suikerklontjes erbij. Soms vraag ik me af of ze wist dat ze was veranderd in een aangestoken lucifer. Je weet wel, zo een die helemaal zwart en pulverig is geworden. Wat kan je er nu nog mee? Je hebt er niets meer aan. Als kind stopte ik zulke kromgetrokken houtjes altijd terug in het doosje van de Säkerhets Tändstickor met het plaatje van de zwaluw met zijn rafelvlerkjes. Henri had daar een hekel aan. Maar ik kon als peuter al niets zomaar wegdoen en zwaaide, ten prooi aan een voor mijn omgeving onbegrijpelijke en hilarische verlatingsangst, zelfs mijn eigen uitwerpselen gedag. ‘Dag drukje, dahaaag!’ Wat zou er nu met mijn drolletjes gebeuren? Wie ging er nu voor ze zorgen? Later werd ik achteloos en onzorgvuldig, vergat ik alles.

Stomme keutels. Stupide lucifers.

Soms vraag ik me af wat er zou gebeuren als een andere persoon dan ik dit verhaal, deze geschiedenis zou vertellen, Max bijvoorbeeld, of Kaj. Zie je, steeds vaker dringt tot me door dat mijn leven eindig is, net als dat van anderen, en dat ik haast heb; het is of ik het einde dwars door de stofwolken kan zien naderen. Daarbij ben ik altijd traag geweest in het doorgronden van andere levens, hoewel die steevast terugkeren in mijn dromen en als spoken voor me opdoemen tijdens het schrijven. Dan pas blijkt dat ik heb onthouden wat ik overdag, niet schrijvend, leek te zijn vergeten.

Ja, Henne Vuur, daar sta je in de Damstraat-keuken, oud en tegelijk pijnlijk modern, zoals ik zelf oud en tegelijk pijnlijk modern ben. Je smeert onze boterhammen. ‘Wie wil er boter op?’ Je leidt onze moeder bij de dans. Bestuurt je auto (je bent de eerste Holbein-vrouw met een rijbewijs). Vrolijk toeterend rijd je rond, drukkend op je claxon, hruurrur-rurrrhhh, honk.

‘Je kan zeggen wat je wil, maar ik was een goede dochter,’ zeg je. Een uitspraak die in me rondzingt als een kitscherig tweelingdeuntje.

Gruizelzang, sloofs en slaafs.

Wat ís trouw? Wat is loyaliteit? Sommigen zeggen dat het een morele verbondenheid is. Een vasthouden aan een verbintenis, band of verplichting, waarbij het perspectief van uitgestoten worden gelijkstaat aan de meest drastische en ondenkbare afwijzing: verbanning.

In spookachtige en beklemmende herinneringen (omdat ze behoren tot de zachtmoedige en tedere) zie ik mijn vader in zijn gekreukelde pantalon en met verf besmeurde overhemd bij Max en Kaj staan terwijl ze jongensdingen maken en bedenken. Een rood stuk vuurwerk, diep weggedrukt en verstopt in een hondendrol of vastgebonden aan een fles. Een raket gemaakt van een hardkartonnen koker vol kruit. Een okerkleurig metalen liftje vastgeknoopt aan ijzeren draden die zijn opgehangen naar de gereedschapswinkel aan de overkant (waar Kajs beste vriendje woont).

Hoe HEHH glimlacht, zijn gezicht oplicht, hoe hij werkelijk daar is.

Welkom, uitgenodigd.

Er zijn dagen, zomerse woensdagavonden of herfstige donderdagen (ik denk aan de aardbeien op de beschuitjes... de deuren naar 'het plat' geopend, en wij die naar het licht-en-schaduwspel op de muren keken... aan de winkels, verlicht en open voor de koopavond, en een opgewonden verwachting bij Anna Alida, Toddie en Henne) dat ik me herinner hoe ik bijna geloofde, en wílde geloven dat alles perfect was, perfect geweest had kunnen zijn. Max en Kaj prutsend en pielend aan hun werktafeltje, bezig met het opwekken van hun 'electrickery', de slagroomkloppers op het aanrecht... en dat we leefden in de beste van de tijden, de beste van de gezinnen...

En dan weet ik dat geheugen (Mnemosyne) en Huginn en Muninn (gedachte en herinnering) wreed zijn.

Misschien ben ik zelf wreed.

Ik denk terug aan HEHH's laatste toenaderingspogingen tot onze moeder. Ze verdroeg hem niet meer. Legde hij zijn hand op haar schouder, dan rilde ze en trok er een kille huivering door haar heen.

Of hoe hij een enkele keer probeerde deel uit te maken van de bijzondere gemeenschap die wij, zijn jongste kinderen, vormden, door ons grapjes te vertellen met een baard. Over een man die kameel wil leren rijden en instructies krijgt van een woestijnbewoner: om het beest aan het rennen te krijgen moet hij 'poeh' zeggen en om hem te laten stoppen moet hij 'Een kip is geen ananas' zeggen. En hoe hij deze eenvoudige mop die we allemaal al een keer hadden gehoord tot tergens toe oprekte (honderden kilometers de Sahara door op de kameel die onverstoorbaar draafde, draafde, dwars door Marokko, Mauritanië, Egypte, stofwolken, brandende hitte) vóór hij eindelijk inzette met de ruiter die in paniek het ravijn ontwaart, maar geen idee meer heeft wat het stopsein is. Om te eindigen (zijn ogen glanzend en dwingend op ons, zijn weerspannig publiek, gericht) met het verwachte maar veel te late 'Een kip is *geen* ananas!' vlak voor het ravijn. En met de ruiter die zijn zakdoek tevoorschijn haalt en met een zucht van verlichting over het voorhoofd strijkt, 'poeh-poeh', en de kameel die op het ploffen van de p's prompt de diepte in springt.

Tegen die tijd waren Kaj en Libby de kamer al uit. En had ik me, mijn ogen op het verfrommelde katoenen doekje gericht, waarmee HEHH ter illustratie zijn eigen voorhoofd afveegde (en dat zo verrassend was ontsnapt aan de wetten van tijd en ruimte), mentaal al teruggetrokken.

Misschien is er daarom die aarzeling, dit tempo dat ik overweeg bij mijn nadering van de oude kamer. Want daar verblijft hij, de eerbiedwaardige Minotaurus. Hij is bezig met een puzzel, een raadsel, een wiskundig probleem. Na een tijdje merkt hij dat ik naar hem staar en draait hij zich om. Zijn ogen staan troebel.

'Ach,' zegt hij. 'Ben jij daar, kind', en ik voel zijn eenzaamheid en wil bij hem zitten, want ik wil hem helpen het raadsel op te lossen. En ik rol mijn wol op en verberg de draad.

De bossen in, de bossen in... kon ik maar gewoon de bossen in om er te wandelen en te zien hoe de aarde zich mild voor me uitstrekt, eindeloos, eindeloos, enkel en alleen om mij mijn wandeling in het bos te gunnen. Ik denk dat ik zou kunnen groeien in het bos en even groot als de bomen zou kunnen worden, om hun trage loop met ze te lopen, die even verticaal als horizontaal is. Ik denk dat ik in het bos zou kunnen ademen. Merk op dat ik hier niet Het Woud bedoel. (Mijn bossen geven je een open blik op de zee, mijn bossen beklimmen en bedekken bergen, mijn bossen bewegen.) We zouden samen voortgaan, het bos en ik, in een gelijk tempo, en ik zou zijn ruige rugvacht strelen als die van een enorm dier. Een gracieus en wild beest dat buitengewoon intens is. Ik zou een kind van het bos zijn, maar waarom alleen een kind? Ik zou het bos zélf zijn en luisteren naar het bonzen van ons gezamenlijke hart, en elke jaarring van elke boom zou precies één enkele klop van dit reusachtige hart zijn.

*

Eén keer, rond mijn tweeëntwintigste, heb ik de Minotaurus zien lopen. Dat zal geweest zijn toen ook Libby het huis had verlaten. Hij was helemaal uit zijn labyrint naar buiten gekomen en wandelde in totale afzondering, op afstand, zonder te spreken, zonder ook maar één moment de verwachting van menselijk contact te hebben, over het strand. Bij elke stap veegde hij met zijn staart zijn eigen pootafdrukken uit, waarna de kuiltjes die hij had gemaakt volliepen met water. Zijn staart was zo krachtig als die van een os en zijn hoofd stond donker op zijn gespierde schouders. Hij bood een aanblik van volkomen verlatenheid. Er kwam geen geluid over zijn onmenselijke lippen, alleen formules. Het creatuur, intelligent, scherpzinnig, leek zelf te beseffen dat het niet geheel menselijk was.

Dat was op een dinsdag, de eenzaamste dag van de week.

Twee keer heb ik met mijn vader gesproken. De eerste keer was in mijn nog jeugdige gedaante van dertienjarige. Ik stond tegenover hem in zijn kantoor aan de Varkenmarkt (waar hij zoals gewoonlijk achter zijn bureau zat) en sprak mijn noli me tangere uit. Vader, raak mij niet meer aan, want ik ben met een man geweest.

De tweede keer was ik zesentwintig. Ik studeerde literatuurwetenschap, was net alleenstaande moeder en gaf les op een roc. Een opleidingsinstituut voor volwassenen. Ik leed aan mezelf, leed aan mijn gedrag en werd opgeschrikt en nagejaagd door de eerdergenoemde boze dromen, die – omdat ik alweer een paar jaar normaal at – in mijn brein opschoten als paddenstoelen uit giftig mycelium. Toenemend in aantal en frequentie kregen ze een grip op mijn dagelijks leven en sijpelden ze door in mijn handelen. Hallucinante voorstellingen. Ik keek ernaar met wijd open ogen alsof ik Alex uit *A Clockwork Orange* was, terwijl ik mijn voor oorlogen en vervolging op de vlucht geslagen leerlingen doceerde. Of in mijn flat een eenpansgerecht bereidde voor mij en mijn dochtertje. Of wegdoezelde op de bank, die ik – gezelligheid! sfeer! – met een grand foulard in paisleymotief had overhangen, mijn studieboeken opengeslagen op mijn schoot, met de aantekeningen voor de te schrijven paper over *Lear* van Edward Bond in de kantlijn: 'Listen, Cordelia. You have two enemies, lies *and* the truth', strepen, strepen...

Stellig gefascineerd, maar tevens met een bange afkeer van wat mijn eigen hoofd me zonder enige waarschuwing voorschotelde. En met wat voor zinloze, afschrikwekkende details! Een stroom gewelddadigheden in polycolor. Helder en vaak (net als in het werk van Sade) lachwekkend onmogelijk. Pompeus, belachelijk, met te veel draaiingen, kronkelingen, smeer en slijm. Huidloze paarden die bloed en lymfevocht transpireerden en door lege straten klosten. Kapotgetrapte organen die als kwallen wegschoten onder mijn voetzolen. Operatiezalen waar onder verblindend licht de armen van chirurgen tot aan de oksel in hun vastgebonden patiënten verdwenen...

Help mij, help mij, ik ben niet langer gezond van geest.

Het zal 1990 geweest zijn, die tweede keer. De Berlijnse Muur was al gevallen, maar Nelson Mandela was nog niet vrijgelaten. Ik had HEHH gebeld, gesommeerd, opgeroepen. 'Ik wil graag iets met u bespreken.'

Een uurtje later stonden we bij de struiken even voorbij de ingang naar Cityplaza, het kloppende winkelhart van Nieuwegein. Struiken die zo intens groen waren dat ik elk afzonderlijk blaadje kon zien, alsof ze door een van die door HEHH zo bewonderde magisch realisten geschilderd waren, Pyke Koch. Zo'n afbeelding die geen diepte kent; wat op de voorgrond is heeft dezelfde harde contouren en is met dezelfde precisie geschilderd als wat zich op de achtergrond ophoudt, zodat er geen afstand en dus ook geen tijd of ruimte zit tussen de gebeurtenissen. Hij hield zijn fietsstuur omklemd toen hij zei geen herinnering te hebben aan hetgeen ik hem voorlegde. Zijn geheugen was heel slecht, zei hij, gek, het was net een gatenkaas. Hij was toen al een oude man. Astmatisch. Zijn handen waren bespikkeld met levervlekken, en ik luisterde naar zijn oppervlakkige ademhaling en keek naar zijn grijze, te ruimvallende broek. Het is mogelijk dat ik heb geknikt en geglimlacht in die paar minuten dat we daar stonden. Voor hij weer terugfietste op zijn zwarte herenfiets, naar huis, naar mijn moeder.

Ik bleef staan.

Hij had me het Andersen-boek gegeven.

Wanneer onze werkelijkheid haaks staat op ons verlangen en onze hoop, beschikken we over verschillende strategieën. Naast selectief waarnemen kunnen we ook onze eerdere overtuigingen veranderen. Onbewust doen we hierbij vaak wat een advocaat beroepsmatig doet: bewijs verzamelen en dit zo presenteren dat het zo goed mogelijk de gewenste kant van de zaak ondersteunt. Een geconstrueerde en selectieve versie van de feiten die ons de beste overlap met de verlangde werkelijkheid biedt. In feite herschrijven we de geschiedenis.

We hebben baat bij de leugen. Die lost iets voor ons op, voor ons in.

Er zijn bewijzen dat hij een achtenswaardig man was.

*

Nu ik alweer zo'n eind op weg ben met deze reis, die ten doel heeft aan boord te trekken wat zich in de loop der jaren heeft afgesplitst en als afgekeurd en ongewenst is uitgeworpen, is het misschien de moeite waard om kort stil te staan bij de dood van Henri Elias Henrikus Holbein en wat zich daarna nog heeft afgespeeld. HEHH's sterven voltrok zich binnen enkele minuten in de vroege uren van een zonnige ochtend in oktober 2001, het Twin Towers-jaar. Anna Alida belde op en zei met een stem vol ongeloof dat hij zojuist zonder veel omhaal in haar armen in elkaar was gezakt. 'Papa is dood', zo zei ze het. Beiden zouden die dag bij Oleg en mij komen eten en we stonden op het punt om naar de markt te gaan, een uitgebreid boodschappenlijstje bij de hand (kalfsrollade, verse doperwtjes, aardappelen, en eieren, suiker, melk en meel voor de dessertpannenkoekjes). De twee vliegtuigen hadden zich nog maar een maand terug in de torens geboord. Henri Elias, hoogbejaard, was echter te afwezig geweest om daar nog veel van mee te krijgen of erdoor van streek te raken. Hij bracht het grootste deel van zijn dagen slapend door op de bank en geen 9/11, en eigenlijk geen enkele gebeurtenis, bracht daar verandering in. Dit tot grote ergernis van onze moeder Anna Alida die (of hij nu wakker was of alweer sliep) steeds vaker met harde stem was begonnen te spreken over haar plannen na zijn verscheiden (straks, aanstonds, snel), alsof de tussenliggende jaren niet echt waren geleefd en ergens netjes voor haar werden bewaard en opgeslagen. Net als ik haastte Henne zich op die stralende oktoberdag naar het seniorenflatje waar Max, Libby, Kaj en ik ze een jaar eerder naar hadden helpen verhuizen. Ze was toen even oud als ik bij haar overlijden. En heel precies herinner ik me de aandacht en zorg die wij, de Holbein-dochters (op Toddie na, die zich niet liet zien), staken in de verzorging van het lichaam dat als een sarcofaag voor ons op het bed lag (de smetteloze handen, de gouden band van de trouwring, de ontblote geslachtsdelen, als vreemd fruit, het gezicht dat ondoorgrondelijk was als een steen).

We zeiden niet veel. Mag ik de handdoek, is er nog schoon water, een fris washandje? Moeten we hem niet scheren? Mogelijk ontsnapte de dode nog een gasje. Ook daarover zeiden we niets terwijl we hem wasten, depten, droogden. In zijn kist was hij omringd door de knuffelbeesten, opgerolde tekeningen en in kleurige envelopjes gestoken briefjes van zijn kleinkinderen.

Ik heb dromen dat ik erheen ga en die met mijn blote handen uitgraaf.

Overigens schiet me met betrekking tot zijn verscheiden nog iets te binnen. Er kan onmogelijk alleen maar sprake geweest zijn van toewijding. Waarom hielden we hem anders boven de grond en in huis onder een niet al te beste koeling tot zijn neus (een karakteristiek element van zijn gezicht) zwart werd aan de punt en zijn lichaam begon te vergaan tussen de pluchen beesten? En stonden we over hem heen gebogen als welkende orchideeën, groeiend, slingerend, verdraaid en verwrongen, geperverteerd? Ja, onze liefde kende een zieke dimensie en is voortgekomen uit een te grote gehechtheid. Maar dat verklaart nog niet waarom wij nieuwsgierig door een kiertje voorbij de grenzen van de dood tuurden en observeerden.

Het was onze god die aan het wegrotten was in die (zes!) bovengrondse nachten. Onze god die veranderde in verleppend vlees dat wel los wilde van de botten. En geen opstanding of verrijzenis. Geen zegepraal of overwinning, maar een wee makende onpasselijkheid terwijl we luisterden naar de angstkreet van de cellen, hun vrees voor het uiteenvallen, voor de immense, afzichtelijke ruimte tussen de atomen. Het besef (zonder te denken, want denken kan niet meer) dat er geen overkoepelend 'zelf' meer *is.* En de korte flikkering, die tegelijk en tot in de kern van alle cellen wordt gevoeld, dat dit zelf kunstmatig, een culturele constructie is geweest.

Mauriac, Diderot, Delacroix, Baudelaire, alle formules... waar zijn jullie nu, waar zij –?

Ja, een grote paniek en zelfs boosheid in de cellen, zelfs in die van ons, aangezien alle cellen afstammen van de cellen. *Omnis cellula e cellula.*

En verdriet. Helemaal omhoog, tot in het hemelruim. Om Henri, die een goede soep bereidde en mooie handen had. Die een kunstenaar had willen zijn.

Ach, maar waarom deze klacht over een zo met krachtige impressies bedeelde kindertijd? Denken wij mensendieren dat we zo bijzonder zijn? Altijd gaat het weer over de tijd dat we begonnen. Waar komt toch onze hele noodlottige gedachtegang vandaan dat onze eerste jaren op aarde van geluk, warmte, liefde en de tederste verzorging doortrokken zouden moeten zijn? Is het niet genoeg dat we bestaan? Klamp een willekeurig mens aan over zijn kindertijd en de sluizen gaan open. Wat er dan allemaal niet naar buiten stroomt! Dieren zijn niet zo. Planten hoor je er nooit over. Insecten verpoppen zich en schudden geruisloos hun vel af. Geen cicade doet zijn beklag over de zeven of veertien jaren onder de zwarte grond. Jubelend en tsjirpend gaat ze af op de voortplanting, het luchtruim in. Alles jaagt, rent in galop, likt de eigen vacht, geniet van het zonlicht, slaat met een staart de vliegen weg, heeft zelf alweer nestjes aan de tepels hangen. Keert dan mogelijk (maar dat zijn grote, trage wezens) nog eens terug naar een plek waar een hoopje gebleekte botten ligt, staat even stil, loeit in een kudde. Gaat weer vooruit. Evolueert, ontwikkelt, varieert, wordt afwijking, bijzonder. Vergroot de eigen overlevingskansen, verspreidt zich, bouwt forten, verdedigingswerken. Wordt onderdeel van het grote pandemonium. Een schitterend, uniek en onnavolgbaar, zij het zeer uitroeibaar, stukje diversiteit: zzzingzangzzoemmm...

Ja, sommige dieren zijn gek misschien, gestoord, waanzinnig, fantasierijk, lui. Een mensendier der gewoonte, met ingesleten gedrag. Kijk, iemand legt een hand laag op een rug of venusheuvel en gehoorzaam openen zich de dijen. Eentonig ook, met standaardkreten, uitroepen, zuchtjes... Soms hoor je geen verschil en ís er ook geen verschil... welke spleetjes, kutjes, billetjes, mondjes... Alles is te verdragen, dat weten de mensendiertjes ook wel, en dat is het onverdraaglijkste: de steeds terugkerende glimlach, een soort vrede en berusting. Het zoete zwijggeld. Marsen, Snickers, chocolade van Verkade. HEHH legt de dubbeltjes, kwartjes, guldens en rijksdaalders voor je op een rij op het stalen bureaublad en niet veel later zetten melktanden waar de cariës zich al een weg doorheen vreet zich gulzig in de dikke lagen chocolade met noten, rozijnen en karamel: mmmmmmm-mmm.

En tijdens dit dove opgroeien zijn er toch ook de troost en het plezier van het bijzondere, het doodgewone. In de wintermaanden een kruik in een wollen zak om met je gloeiende voetzolen rond te draaien, flanellen beddengoed, zonlicht waarin je vingertoppen roodoranje opgloeien. Het geritsel van verwachting (ijsbloemen! ijsbloemen op de ruiten!). Een witkanten sluier, geruisloos slepend over een laagje sneeuw. Bloeddruppels die wellen na het kapotscheuren van de nagelriempjes. Lekkere zwarte korstjes om aan te krabben. (Libby's stem: 'Wil je me helpen met kleertjes maken voor mijn aankleedpop?') Een extra deken waaronder je inslaapt.

Tegenwoordig na een maaltijd die misschien wat te zwaar en overvloedig was, terwijl je onder het laken het naakte lichaam afspeurt, de gedachte: moet je zien, al wit tussen het kroezend schaamhaar, hoe is het mogelijk?

En bij het ontwaken hoor je de merel zingen. Is het tijd voor wraak of voor verzoening?

Waarbij je nog altijd probeert te bezweren en het met de afgewezen God op een akkoordje tracht te gooien. 'Lieveheertje, als u Oleg nog heel veel jaren laat leven en ons niet uit elkaar trekt, zodat ik de vlaktes van mijn toekomstige bestaan niet alleen over hoef en mijn hand maar hoef uit te steken om hem naast me in bed te vinden... zolang ik mijn billen tegen zijn buik mag drukken en dan de pavlovreactie volgt van zijn vingers die me geruststellend kriebelen en strelen (ziehier de patiënt en haar verzorger) en hij ook zo lang mag blijven leven, lieveheertje, dat hij desgewenst en echt, ik zweer, *alleen* in het geval van een definitieve terugkeer van de kinderangst (een angst die niet verdwijnt omdat er door de geheugenschachten terug op de bodem van de oude put wordt gesmakt; niet te geloven, wat een put is dat!) in de gelegenheid wordt gesteld om een kussentje op 't gezicht te drukken – zolang dat mogelijk is, lieveheertje, zal ik in u geloven. En u bezingen en bejubelen. Melodramatisch, ingetogen (op hoge toon of knorrend als een door dicht gebladerte scharrelend dier...) als de Goddelijk Vegetatieve en Onnoemelijk Barmhartige Plant.'

Daarbij: je houdt zelf niet van het slachtoffer. Godallemachtig, zijn ze niet saai en stomvervelend, de slachtoffers? Met hun gejeremieer... hun bizarre verdrijvingsrituelen en antieke angsten die nooit helemaal verdwijnen? Get a life, zou je naar ze willen roepen. Pak een bezem, een schep, een mes, een schaar. Vergaar wat kapitaal, straks ben je immers even dood als alle anderen. Maak plezier, dans, feest, stop eens een waskaars tussen je billen. Eet een zorgvuldig gegaarde risotto. Buig je over de penis van je man, die kan het ook niet helpen.

Zorg voor iets of iemand. Ga heen en heb lief. Voer je huisdier, hond of kat. Zij hebben immers geen opponeerbare duimpjes om zelf een blikje te kunnen openen. Lees een boek, schrijf een brief. Of sluip naar het smaragdgroene Chinese kastje en neem daaruit het fijne kromme schaartje waarmee je fantaseert over het snip-snap-snip... ook al knip je daarmee de veilige droom aan flarden waarbinnen je je hebt willen verschuilen: hij was een lieve man, oude man, vriendelijke man, zorgzaam, helemaal niet als de Minotaurus die binnenkwam met zijn hete pook (steek 'm erin, steek 'm erin, zet het varkentje erop en verhit het van binnenuit).

Anna Alida: 'Kind, meid, wat loop je eigenaardig.'

'Je loopt gek,' roepen ze op het schoolplein, en het is

waar. Je hebt *inderdaad* een mal loopje. De billen tegen elkaar, tip, tip, tip op je tenen... je beweegt je bepaald lachwekkend voort. Wanneer je bang of opgewonden bent (in die eenzame verknoping) gaat het nachtelijk poortje in gehoorzame gewenning open.

En word je een stinkvlek.

Maar veel meer nog dan dat je je zorgen maakt over al dit schaamtevolle, ben je geprikkeld, en houd je je bezig met de esthetiek. Wat kan en moet je ermee als je zo veelvoorkomend, alledaags en banaal bent geworden als zo'n verdomd slachtoffer? Waarin zit dan de verdomde glorie? Want je hebt nog steeds gedachten, dromen, weet je. Van een grootse ontsnapping. En verlangens. Om met de wolken te schudden, zoals Thor of Odin, tot de regen valt. Om iets te maken wat echt, en tegelijk minder echt is. Een verhaal. Je koninkrijk voor een waarachtig, fatsoenlijk verhaal. Een dat volledig verzonnen en bedacht is. Maar niet zoals jijzelf bent verzonnen, bedacht en andermans verzinsel bent geworden. Hoe te ontkomen aan deze kattenhond, hondenkat die voor altijd in de eigen staart bijt?

Je denkt erover om een moordenaar te worden.

Je denkt erover om een necrofiel te worden. Echt? Ja, heus, en waarom niet? De doden hebben net zo goed of misschien nog wel meer dan de levenden warmte en liefde nodig. Ten eerste ben je niet snel geschokt en denk je niet vlug dat dingen vies, smerig of weerzinwekkend zijn. Je hebt een gepaste training ondergaan. Je trots is lang geleden binnenstebuiten gekeerd en je vindt niet gauw dat iets stinkt. Je herkent de geur van verrotting natuurlijk, maar die heeft een bepaalde warme, welhaast moederlijke component. Je kunt jezelf bijvoorbeeld (op deze trage manier getraind) naar het kerkhof zien gaan om de kisten te openen en plaats te nemen naast de nu bedaarde, rustige ouders. Om naast ze te liggen en ze gezelschap te houden in hun nood en behoefte, terwijl ze warm en bedekt met aarde in het volle proces van hun ontbinding verkeren. Je zou zelfs hun buik, armen, benen kunnen aanraken, hun hoofden verschuiven om ze prettiger te laten rusten. Je kunt zulke dingen overwegen, bedenken; ze klinken als het tingeltangel van een slaapliedje...

Je zou bij ze kunnen liggen (een poosje), jazeker.

Je zou ze boeken kunnen voorlezen, verhalen vertellen, gedichten kunnen reciteren. Je zou een film met ze kunnen kijken. Een film voor ze laten afspelen. Je zou opnieuw van ze kunnen houden en ze kunnen leren hoe ze moeten liefhebben. Ze zouden nu heel stil zijn. Kalm als kinderen misschien.

En in het gras boven jullie geneurie, gezoem en gegons.

Ja, Henri Elias Henrikus Holbein bezette de grondgebieden Henne Vuur, Toddiewoddie, Libby en ondergetekende. Een daad die beschouwd mag worden als een belediging van enig gewicht. (Maar hoe je voor zo'n belediging te revancheren en erop te reageren in een wereld die, zoals gezegd, de woede van vrouwen niet verdraagt?)

Misschien is het beter om een en ander te bewaren voor het huis van Toddiewoddie. Haar herberg. Alleen daar is het mogelijk om de Graeae of Moirai, zoals de Grieken ons noemen, te zijn en elkaars ene oog, ene oor en ene tand te delen. Om de heksensabbat te houden en het feest van onze ongecensureerde woede te vieren.

Woede als een lied van smeltende rotsen. Geneeskrachtige, weldadige woede. Geel, goud en oranje, opborrelend als lava.

Overvloedig, glorierijk, statuesk.

Heksensabbat (grandguignol)

Eindelijk zitten ze bij elkaar, de gezamenlijk meer dan 170-jarigen.

De eerste slikt pillen, de tweede bouwt torentjes van sigarettenas en beklaagt zich over haar schaamhaar, dat 'zo hard is geworden als het haar van een hondenvacht', de derde kiest met zorg haar wijnen.

'Wil je nog een glas?'

'Doe maar.'

'Peuk?'

'Peuk!'

'Mijn hart gaat zo tekeer, heb jíj nog zo'n geel dingetje voor me?'

Nu, wat zullen we eens doen met HEHH? giechelen de zusters. Kom, wie wil de eerste zijn om het op te biechten?

'O, om te spugen op zijn graf en op en neer te springen op zijn steen!'

Dat is al ge*daan*, is al ge*beurd*, is al ge*daan*!

Wie is dat, wie roept dat? Is dat Libby, het kleine zussezusje Libby, die de dagen na Henri's overlijden zo aandachtig toekeek hoe zijn reukorgaan blauwzwart verkleurde? (Zal nu wel echt dood zijn, maar laten we voor alle zekerheid nog wat langer wachten...)

Goed, wie is de volgende? Aha, het is ondergetekende. Nou, veel rede is er niet meer over bij deze gekkin op zolder. Kijk maar eens hoe het tipje van haar tong naar buiten glipt, glinsterend van genot (voor het eerst in dagen, weken, mogelijk zelfs jaren) bij de gedachte, het plan, het idee om aan stukken te mogen snijden; ledemaat voor ledemaat, lichaamsdeel voor lichaamsdeel (met een stanleymesje, een gereedschapsmesje – en steeds die heerlijke klik bij het omhoogdrukken van een nieuw mesje, scherp, en glanzend als een zilvervisje), om te mogen knippen en te snipsnapsnippen, almaar dunner en fijner... tot er van zekere HEHH niets meer over is dan wat sappige rundvleesreepjes. Wacht, nee, geen stanleymesje, graag wat vrouwelijk raffinement en verfijning. Liever een nagelschaartje! Ja, laten we een prachtige bloem van vlees knippen uit Henri en hem omvormen tot iets geheel anders... te beginnen met de blaadjes... de tong en de genitaliën niet noodzakelijkerwijs de onderdelen die verminkt moeten worden, alleen maar verplaatst en losgemaakt van de aarde waarop ze groeiden. Laten we er een ander soort bloembedje van maken, de balzak naar binnen geduwd, de tong mooi en aansprekend tot draperietjes gevormd. Dit alles voorzichtig en zorgvuldig uitgespreid (niet perfect gelijk, maar als échte bloemblaadjes) rondom de stam of de stamper die – afhankelijk van daglicht, warmte en aandacht – rust of groeit in het midden... *misschien blaas ik er het leven wel weer in, zoals ik vroeger deed...* (dit laatste weer gefluisterd). Mmmm, en wat nog rest verder verknippen met als doel er een organisch kunstwerkje van te maken dat passend is in de omgeving en enigszins aansprekend en plezierig voor het oog... dat is mijn wens. Amen...

Maar is dit al genoeg? Is dit al voldoende? Welnee, dat is nog helemaal niet de zekerheid die de heksen nodig hebben. Dan is er immers nog steeds compositie, de herkenbaarheid van een of andere menselijke vorm of van de intentie om te komen tot menselijk vlees, met daarbinnen de hemoglobinerijke vloeistof die het weer stuwt tot bewegen, tikken, duwen, buigen, snuiven, piepen, kauwen, grommen, handelen en het nemen van allerlei besluiten. Veel verfijnder en absoluter moet de deconstructie daarom zijn. Het beste kan alles maar aan flarden gereten, gesneden of gerafeld worden, tot er niets meer over is dan wat moes of brij. Niet langer bewegend, alleen nog door een ander in beweging te brengen.

Zijn de kollen dan tevreden? Helaas, dat is nog steeds niet toereikend. Het liefst zouden ze uit elkaar trekken en scheuren tot trekken en scheuren niet langer uit te voeren handelingen zijn en er geen structuur meer over is. Maar dan? Wat moeten ze dan doen met die wolk, die pulp genetisch materiaal? O mijn God, lieveheertje, Allah, Odin, Jezus Christus en Zeus, waar moeten ze die naartoe brengen, en op welke plek moeten ze die verbergen om er ab-so-luut zeker van te zijn dat daartussen geen organisatie zal ontstaan?

Nee, het is niet mogelijk. Maar *dit* (hoor het gefluister, bezie de grimassen op hun tronies), dit is ons verlangen.

'Amen.'

'Amen.'

'Amen.'

Heb ik nooit goed kunnen stoppen met het eten van Toddiewoddies macaroni, ditmaal smaakt-ie wel heel uitstekend, nu haar kamer zich vult met ons leeuwinnengebrul.

'Zullen we vanavond afspreken? Nee, kan 'k niet. Heb 'k een date met mijn vader.'

Hahaha. Hahaha.

(Haags:) 'Zág, zág, hadden jullei dat nou ook? Dat páh op zondag met zijn zwabberdinges en een flinke lik Nivea...? Zeker, maar nooit op dinsdag. Nah, dan zal hij wel moeh geweest zijn, op dinsdag. Tja, op dinsdag was hij daer zeker te moeh veur.'

Hahaha. Hahaha.

Smac heeft ze gebruikt, net als vroeger, dubbelgeconcentreerde tomatenpuree en Hero-zilveruitjes. Op de buffetkast walmt voor een portretfoto van Henne Vuur een (lavendel)geurkaarsje. Tweeëndertig jaar is ze op die foto. Die andere, vreselijke, waarop ze al uitgemergeld is, ligt in de bovenste la, ingewikkeld in tissues. ('Alsjeblieft, stop die weg, Toddie, alsjeblieft... die nooit meer laten zien.')

Toddie schenkt bij. Zeventig jaar is ze, en er is nog steeds ruim over van haar (ik-)schiet-vanuit-de-heup-seksualiteit. Ondergetekende zet na het derde glas wijn uitgelaten in met een smartlap.

(*Incest*, de musical:)
'Eèèèn... ze zijn voor het leven getekend
Hun pa heb ze veel aangedaan, holee!
hun kinderziel stuk gebroke
hun kinderhart pijn gedaan
– holee!')

Ja, het is moeilijk te beschrijven of terug te roepen: het intense plezier dat wij Graeae of Moirai beleven aan ons heksenspel en verblijf in de tweekamerflat van Toddie. Een plezier dat nog wordt vergroot (en tegelijk wordt ingeperkt) doordat we het spelen in haar Baba Jaga-hut, waar niemand ons kan zien en ons speeksel vrijelijk kan lopen.

Maar al hebben we HEHH (in gedachten) volledig en totaal vernietigd ('*Ik* heb het hier voor het zeggen en *ik* ben hier de baas!' 'Hihihi, nu hebben *wij* het voor het zeggen, nu zijn *wij* de baas'), en al rollen Toddie en Libby over de vloer van het lachen wanneer je beweert dat haar huis, dat wil zeggen Toddiewoddies huis, destijds met die psychopaat Toni P. erin, nog altijd in herinnering het warmste en veiligste huis is, in vergelijking met natuurlijk, een prettiger, aangenamer, maar vooral ook duidelijker plek, omdat je daar bij daglicht tenminste nog je bril kon dragen, toch komt de gedachte op dat het misschien niet genoeg is en dat we de executie nog eens moeten uitvoeren.

Oooo, wat willen we... wat willen we dan toch?

'Nou... weer eens een leuke vent... hier op de galerij woon ik ook alleen maar tussen de halfdooien.' (Toddie)

'Wat geld op de bank, en een keer op vakantie, godverredomme!' (Libby)

En zestigduizend naalden om onder HEHH's vingernagels te steken. Een ijzeren lakentje, om hem zachtjes onder te smoren...

Maar moet het de hele tijd over hem gaan, moet dat echt?

Zo'n kleine man.

Zo'n gewone man.

Zo'n *dode* man.

Je kan wel zeggen dat hier sprake is van enige *daddy issues.*

Trouwens, nu we het er toch over hebben en hij onderwerp van gesprek is, wat is dat met het stiekeme ertussenuit knijpen en op zijn gemak in een aarden kuiltje verblijven? Wordt het geen tijd dat meneer eens wakker wordt gemaakt? Ja, nu hebben de kollen wat te melden! Nu willen de Holbein-meisjes de zinnen wel eens verzetten!

(...)

De tweede fles wijn wordt uitgeschonken, de derde vast klaargezet. Eindelijk is er voldoende moed verzameld. In de beslotenheid van de geheime hut op kippenpoten wordt het uiteenvallende lichaam van HEHH op zijn plek gezet. Dood is geen excuus! Toddie zorgt voor de klok en zet de eierwekker. Libby houdt het lichaam in positie. Het is een onaangenaam gezicht, maar deze vrouwen zijn niet langer eenvoudig te choqueren. Alle eer is decennia geleden al betoond. De maden en wormen worden van het lijk getikt, de botten rechtop getrokken. Laat de dode nu voor zichzelf spreken. (Hij zal een advocaat nodig hebben, een advocaat-verdediger. Misschien wil een van de broers dat doen, Max of Kaj, indien we die toelaten tot een dergelijke scène.) Goed dat het hier louter beschrijving betreft, dat betekent geen geur, alleen de rustgevende afstand van geschreven woorden. Want ik zeg het jullie maar eerlijk: de doden zorgen totaal niet voor hun persoonlijke hygiëne, voor hun lichaamsgeur. En dat, haast ik me te zeggen, terwijl HEHH op dit vlak bij leven zo'n goede zorg heeft geleverd! Altijd een zakdoek bij de hand. Gewassen, geknipt, geschoren. Proper tot in elk hoekje en gaatje.

De ondervraging begint... Quid pro quo, voor wat hoort wat. Hoor en wederhoor! De klok is ingesteld en het zand zit in de loper. We zullen hem het verblindende daglicht besparen, de doden hebben het niet nodig.

Spreek!

Maar: de tong van de dode is grijs, schimmelig en gezwollen, en wat hij uitkraamt is nauwelijks te begrijpen... Wat een beroerde dictie...! ('Onjuist! Heeft alle woorden verkeerd, is volkomen onverstaanbaar, heeft een logopedist nodig met die klapperende tanden, of heeft hij zijn gebit niet in?') Nee, het is de moeite niet waard. De luistertijd van ons ene oor niet, de aanblik van ons ene oog niet (wie heeft het nu trouwens?), het nadenkend herkauwen van onze ene tand niet. En ooit was hij zo'n goed articulerende en gedecideerde leraar, elk van zijn woorden als een koud kiezelsteentje, de Japanse waterdruppelmethode op het voorhoofd. (Prima, laat hem luisteren! Nu voeren wij het woord.)

Wat dan volgt: zoveel bitterheid, zoveel vuilbekkerij, zo'n tekeergaan!

(...)

Nee, ik zeg je, verloren zijn degenen die niet kunnen vergeven. Verloren zijn degenen die niet eens een lijk kunnen laten gaan. Uiteindelijk keert elk misdrijf zich tegen de beledigden en gekwetsten. Veel zoets of vriendelijks is er niet meer te vinden bij deze heksen. (En het waren zulke mooie lieve meisjes, zulke fijne zoete libelletjes, wat is daar nu van overgebleven?)

Kijk toch eens naar dat sidderende bleke vlees, behoorde dat niet hun vader toe? En is deze belastende daad van hun tomeloze wraak geen gruwel? Zijn deze drie ellendige zussen, van wie ik er een ben, geen gruwel? Wat zit er weinig zorgzaamheid en zachtheid in ons. Net een messenset, een drietal scharen! Die toon!

Kom nu, verdediging, met de lijst van zijn goede werken. (Kijk, dit, en dat, en zus en zo, aldus.)

Ons jongste broertje Kaj huilt. 'Hij had ook goede dingen!'

Daar stapt plotseling het meisje met het spleetje tussen haar tanden naar voren en schudt haar hoofd, over haar wang glijdt een traan.

Zo was het niet, zo ging het helemaal niet...!

Ze zingt een slaapliedje, een wiegeliedje...

Eén moment zijn we afgeleid.

En dan? *Mayhem* in het kleine appartement. Het slachtoffer probeert te ontsnappen, wil de geslachtsdelen verbergen (schaamte, schaamte): 'Laat me-w gaan, oooo, laaaah megwh ggwaan...'

Het heeft alles van tafel gegrist, agressief naar ons sissend, blazend als een boze kat, de huid uitbarstend in blazen, puisten en zweren.

Oor, oog en tand? Ons oog? Krijsend en om ons heen tastend achtervolgen we hem.

'Hou 'm, pak 'm. Hou 'm tegen.'

De heksensabbat. Moeten we snel weer doen, volgend jaar, o, volgend jaar *zeker*. (Toddie: 'Dan komen we bij jou en maken we er weer een hele dag van, dan eten we jouw gehaktballen. Nou, ik ga ze opeten, misschien zijn het mijn laatste ballen wel.') Dan is het weer in de bezemsteelwagen terug naar huis, waar we ons vermommen en verkleden als schrijver, artiest, huisvrouw, alleenstaande ouder, bejaarde met een bescheiden AOW'tje. Katten? Ook katten. Daar loopt kater Jevgeni, viltig, valer, door de wol geverfd. Daar sluipt door het tuintje van Libby's bescheiden dijkhuis kater Grijsje.

(Toddie: 'Ik heb mijn eigen poes, daar moet ik ook aan denken, die heeft ook verzorging nodig.')

Ja, we lijken tevreden met onze vergelding. Maar die duurt kort. Het is een vliedend moment.

Want er was een hiervoor. Er is een hiervoor dat blijft.

Aanvankelijk werd de Minotaurus gezoogd door zijn moeder. Pas later voedde men hem met mensenvlees en werd hij, beschouwd als te gevaarlijk voor zijn omgeving, opgesloten in een speciaal voor hem door Daedalus ontworpen doolhof. Wie daar eenmaal naar binnen was gejaagd, zeiden ze, vond zonder hulp de uitgang niet meer.

*

Haast, haast, het verdraagt geen uitstel meer...

Toen ik eind 2015/begin 2016 na ons lange onrustig stemmende verblijf in het winterhol en door Hennes val gedwongen begon aan dit onderzoek naar ons gedeelde maar tegelijk onmededeelbare Holbein-verleden, dat zo ruw was komen spoken in het heden (ik had al mijn levenslust verloren en voelde me uit de bestaande wereld gedrukt), had ik geen idee hoe complex en veeleisend de taak zou zijn die ik mezelf had opgelegd. Ik kan niet ontkennen dat ik tijdens dit schrijven vaak nerveus en bevreesd ben geweest. En soms nóg. De door mij beschreven ervaringen hadden mijn zintuigen niet alleen verdoofd, maar ze bij het ontwaken ook sterk aangescherpt. Vooral mijn gehoor was acuut geworden. Een poosje hoorde ik alle dingen in de hemel en op aarde – en ook een paar dingetjes uit de hel: 'Papa, papa, kom het monster weghalen dat op mij wacht in het donker, het verstopt zich in de kast, glijdt van de muur.' 'Monsters bestaan niet, liefje, alleen echte mensen en hun ongebreidelde fantasie!'

Bovendien was ik bang dat ik voor gek verklaard zou worden. Maar ik was nog banger dat niemand dat zou doen, zodat er geen ontsnappingsmogelijkheid meer zou overblijven voor me. Ik weet nu dat er een betovering was waarnaar ik soms heb terugverlangd, omdat die me behoedde voor de werkelijkheid.

Ik ontken dan ook niet dat het me veel tijd en moeite heeft gekost voor ik over dit Holbeinse heb kunnen nadenken als over een ziekte en het kon beschrijven als een aangetast systeem. Daarvoor moest ik immers ook mezelf bestuderen, en zo werd ik mijn eigen petrischaaltje. (Ik weet nu van mezelf dat ik een tamelijk coöperatieve persoon ben.)

Bovendien is het mijn onuitgesproken (schrijvers) wens geweest om de medaille van eerbaarheid voor onze familie te verdienen. Om onze geschiedenis zo te presenteren dat we eruit naar voren kunnen komen als de trotse bezitters van fijne kwaliteiten en eigenschappen. Maar laten we ons van buitenaf beschrijven, dan valt meteen een tegenstrijdigheid op. Een innerlijke tegenspraak en weifeling. En waarom? zou iemand die ons niet kent kunnen vragen. Zijn we niet begiftigd met tal van talenten en interesses? Hebben we geen brede belangstelling? Voor astronomie, fysica, biologie? Voor Grieks en Latijn net zo goed als voor wiskunde (met daarbinnen algebra en meetkunde). Voor natuurkunde, de schone kunst van het schaakspel, letterkunde, koken, schilderen, tekenen... Zijn we niet praktisch, technisch, op veel terreinen bekwaam? Bedenken we geen kleuterliedjes (*Ik ben een blije luis, ik woon op een kopje vol met kinderhaar, daar scharrel ik mijn kostje bij elkaar; ik ben een blij-hije Luis!*) Beschikken we niet over improvisatietalent, zwarte humor, zelfspot? Er is toch ook weelde uitgestort over dit geslacht. Waarom dan dit gewiebel met de benen en getrommel met de vingers, die snel neergeslagen ogen, die handen voor de mond, slechte tanden, dit nachtelijke dolen of het de slaap helemaal niet kunnen vatten? Die bleke gezichten, harde stemmen en dit onverwachte hélemaal stilvallen? Waarom zo schichtig, ongemakkelijk en ons in selecte gezelschappen bijna niet durven bewegen? Of dit Gilles de la Tourette-achtige syndroom van plotsklaps zo grofgebekt mogelijk? ('Toen heb ik dat wijf, *die biaatsch*, hélemaal uit mekaar getrokken!' 'Aaaah, jeuk aan me naad, last van me zweetreet.' 'Wil je een navelkaaskoekje, een oorsmeergebakje?' 'Hééé, gore teef, *Jiskefet* met Sinterklaas nog gezien? Ook onder het rándje, Edgar!')

Waarom dit onszelf en elkaar klein houden en het bijna vereren van de ontbering? (Libby: 'Nee hoor, ik heb niets nodig, nooit gehad ook. Ik kan toe met minder, met zonder, met niks.') (Toddie: 'O, dat weet ik niet, daar ben ik te stom voor.') We kennen meedogenloosheid, wat is het dan met die blikken vol sentiment? Wel kunnen kijken naar uit elkaar spattende hersens in zombiefilms of de ravage na een bominslag, maar niet naar het spel van kinderen, naar zieke of gewonde diertjes met een vacht of veren of naar bloemen die verwelken.

Steeds scherper zie ik wie we zijn. Erfgenamen van een wereld vol camouflage en (zelf)bedrog. Ik kan me niet anders voorstellen dan dat het al dit doorleefde bedrog was wat het mij zo'n tijd onmogelijk maakte nog het woord te nemen. Zo lag ik in 2017 geveld door een hernia onbeweeglijk op de grond, terwijl deze geschiedenis in me woelde en knaagde en knabbelde aan mijn zenuwen en over mijn ruggengraat kroop als een rat.

Wat te doen? Alles leek immers verraad of onmogelijk...

Ik dacht aan mijn broer Max, de in zichzelf gekeerde slotenmaker van onze jeugd. Veertien, vijftien, zestien jaar... op 'het plat' in de Damstraat door zijn sterrenkijker turend naar de sterren en de maan (in een poging het mysterie van het heelal te doorgronden, dat een al even groot enigma is als wijzelf). 'Wil je ook eens kijken?' vraagt hij en tilt zijn vier-vijf-zesjarig zusje op. Na enig draaien en verstellen aan de lens wordt de maan zichtbaar, als een gigantische schedel aan de nachtelijke hemel; een koel witgrijs mirakel.

Hij was een mooie jongen, Alain Delon-mooi. Teruggetrokken. Stil. De briljante stalknecht, opgesloten in zijn schuurtje. De schildknaap die geweldig kon gitaarspelen. De jongen die fantastisch kon tekenen. Beeldschone meisjes in houtskool, met ronde borsten, smalle heupen en lange, in het water wervelende haardossen: undinen.

Vele jaren later (als alle pijlen uit de boog die destijds trillend is gespannen allang zijn afgeschoten) wacht hij soms nog steeds, in perfect stille nachten, op dat ene bijzondere moment dat hij mij, ondergetekende, en Oleg, kan laten zien wat normaal gesproken onzichtbaar blijft. De ringen van Saturnus, Jupiters manen. En door een torn in de nachtelijke hemel gloort zijn jongenskamer met de poster van Salvador Dalí. *De verzoeking van de Heilige Antonius.* Olifanten op ijle insectenpoten sleuren een koets met achter het raam een vrouwelijke torso briesend door ruimte en tijd. Op zijn bed liggen sf-pockets met ezelsoren, van Isaac Asimov (*I, Robot*) en Brian Aldiss (*Hothouse*). Op zijn bureautafeltje (direct onder het luik dat zijn bedompte hokje met de meisjeskamer verbindt) ligt een boek opengeslagen bij korrelige foto's van die eenzame maan in zwart-wit, met haar spleten en kraters, haar ravijnen en bergen.

Ik dacht aan Toddie:

'De wereld is een harde, nare plek, dat kan ik je wel vertellen. Wij leven in een heel egoïstische wereld van alleen maar ikke, ikke, ikke. Weet je, ik had nergens op gerekend en het hoefde helemaal niet, mijn schoonzoon zei zelf: "Toddie, vandaag ben je jarig. Je bent zeventig jaar geworden. Dat is een hele tijd. Vandaag is je verjaardag en je tv is kapot, kom, we gaan zorgen voor een cadeau, we gaan eropuit voor een verrassing! En daar rijdt hij me in zijn auto naar de MediaMarkt en laat me een tv uitzoeken, niet te overdreven, denk ik, niet zo'n heel dure, deze is aardig, deze is leuk, zeg ik, en hij zegt: is dat 'm, kies je die? Ga je gang, zegt hij, maar een grotere kan ook, met alles erop en eraan, en ik denk: nou gaan we het krijgen, nou krijg ik een echt cadeau, en ik ben helemaal verrast en kies een mooie, niet te ingewikkeld met al die dingen erop, dat hoeft voor mij niet, maar hij zegt: toe maar, kijk maar... en hij betaalt 'm en zegt: nou, van harte en wel gefeliciteerd, een nieuwe tv voor ons allebei – en we rijden terug naar zijn huis en hij geeft me zijn oude.

Ja, soms vraag ik me af of de wereld altijd zo kil is geweest, misschien wel. Houd je mond, zeggen ze, klem je lippen op elkaar, je vangt meer vliegen met stroop dan met azijn. Wat als ik dat niet meer wil?

Het leven is niets waard, geen knip.

Ik droeg een marineblauwe jurk op de dag dat 't jochie geboren werd; een blauwe jurk met een kort blauw jasje. Ze zetten een tent over je heen, halen het kind, en je ziet niks.

Maar het is bij een goede, nette familie en ik heb hem zijn naam gegeven.

Ach, weet je waar ik nog vaak om huilen moet? Mijn

hart breekt gewoon als ik eraan denk... Dat was toen in 2014 Henne zich voor het trouwfeest van haar oudste helemaal had opgedoft en aangekleed in een mooie jurk, en dat haar ex, die klote-Niko met zijn nieuwe vriendin met haar rotkop, haar de hele avond alleen heeft laten zitten en niet één keer met 'r heeft gedanst, terwijl zij de moeder van zijn kinderen was en hij vijfentwintig jaar met haar getrouwd was, en dat ze haar nog hebben uitgelachen ook, omdat ze haar benen niet had geschoren.

Nee, ik geloof niet dat er nog wat leuks komt. Ik denk dat de mensen gewoon slecht en gemeen zijn.'

En aan Libby, die in 2016 haar lagereschoolschriftjes en dagboeken met een slotje (maar daarbinnen toch de afkeurende vulpenstrepen van Henri Elias Henrikus Holbein: *Fout! Niet goed gespeld! Schrijf je niet zo!*) in haar eigen tuin in een pittig vuurtje gooide. Tegen de schutting stonden de schilderijen van onze oude meester uitgestald en die gingen ook in vlammen op. Max, die na zijn scheiding naar Nieuwegein was verhuisd en tegenwoordig op een steenworp afstand van haar woont, hielp haar diezelfde dag (met nog maar pas geopereerde en betraande ogen: 'Nee, het is niets, alleen een stofje') met trillende handen om ze aan stukken te zagen (in zijn arme periode had HEHH op spaanplaat geschilderd). Vooruit dan... in de gloeiende kolen ermee.

Aan Malle (die zijn eigen naam heeft natuurlijk; een die lijkt op die voor een marterachtig roofdiertje, de *Mustela furo*, dat gedomesticeerd ook wel gehouden wordt als gezelschapsdier): 'Zeg, mag ik ereis wat vragen. Jullie moeten het mij maar eerlijk zeggen: missen jullie papa en mama nog wel eens?'

En aan Kaj, zo diep ongelukkig die dag dat wij, Toddie, Libby en ik, hem op de hoogte brachten van ons verborgen spiegelleven.

Steeds bonkte het door mijn hoofd: wat doe je? Je verwoest het huis.

Toch, niet alles was zo slecht...

Er was de prachtige dochter, het opgegroeide grote kind.

Er was Oleg, reisgenoot en metgezel, die troost bracht, en op een sombere dag in november (bij ondergetekende een grote behoefte aan bezieling) een aardappel redde van de kook.

'Deze zullen wij niet doodmaken, want deze lijkt op een mens, kijk, hier zijn zijn ogen, neus en mond, hij glimlacht, en heeft zelfs een navel!' Wat waar was, voor wie een beetje met de ogen kneep.

Ach, wat een fantastische avonturen beleefde deze aardappel, die we Jasper noemden. Hoe lieflijk groeiden onder en boven zijn luciferarmpjes die wij hem (kopvoeter) in het lijf staken, zijn uitlopertjes als nieuwe ten hemel geheven armpjes. Oleg gaf hem een plekje in de grote verwilderde sinaasappelplant. Daar wachtte hij tussen het schaduwrijke gebladerte onder de oranje vruchtjes tot hij door mij werd opgehaald voor fotosessies. (Jasper, laveloos naast een heupflesje slivovitsj. Achter het speelgoed-oldtimertje met doodskistje van lariks – aandenken aan het televisieprogramma *De Kist.* Bij een pannetje met kokend water. Als sm-artiest, met parelketting, bont en zwart maskertje. Op reis door *Philip's Atlas of the World* (comprehensive edition). Hoor de tropische vogels, de bonte kaketoe! Tegen een foto van Caravaggio's Christus (*Avondmaal in Emmaüs*), 'in bad' (een porseleinen kommetje waar ik een elastiekje en wat knopen in bewaar). Met een pen over zijn zwavelstokarmpje, en tot slot als astronaut in een ruimtevaartpakje van aluminiumfolie voor een afbeelding van de kleine Magelhaense Wolk.)

Toen hij zacht en rimpelig was geworden, stopte Oleg hem in de aarde in een bak op ons balkon. In de zomer geschiedde het wonder en aten we (Lieve Heere, zegen deze spijze en ontferm U over Jasper, die de goedertierenste en zachtmoedigste aller grondvruchtjes was).

En vaak is daar 's avonds zijn hand... als hij je aanraakt en streelt, over je rug... als hij dat doet, mmmmmm, je kalmeert...

Of speelt, met zijn vingers als fiere soldaatjes marcherend, dwalend, af en toe stoppend, nadenkend, aarzelend... dan oprukkend naar de zachte bloedpaarse heuvels, zich verliezend in de haartjes, gevangen, naar beneden en naar binnen glippend, snuffelend, nieuwsgierig naar die plek die is als een konijnenholletje (*down the rabbit hole*), duikend, op en neer glijdend, mmmmmm, als het donker komt vervulling, ga dieper, ga geweldiger, ga heftiger, zorg maar dat er geen ruimte is voor iets anders, mmmmmm, tot de haan, de penis, de lul, de pik, de Schwanz, de staaf, de fluwelen jager, de hermelijn, de kurats uitbarst in een glorieuze mini-vulkanische eruptie van zaad en vocht. Voel hoe het over je dijen naar buiten sijpelt, drup-drup (*don't worry, ooh, ooh ooh ooh oo-ooh ooh oo-ooh... don't worry, be happy...*). Tokkel over de gladde kiezels van zijn ruggengraat... zo'n vrede ligt er naast je.

En terwijl ik dit opschrijf (met minuscule vlijmpjes van de oude rugpijn die door me heen trekken), en mezelf de vraag stel wie zal willen weten van deze gebeurtenissen die zo strikt persoonlijk, tijd- en plaatsgebonden zijn geweest, schiet ik in de lach.

Ik zeg tegen mezelf: vlei jezelf toch niet met de gedachte dat deze geschiedenis ook maar in enig opzicht buitengewoon of uniek is. Hoe eigenaardig, schunnig of idiosyncratisch die in specifieke details ook mag zijn... jullie verhaal is onderdeel van een conventie. Zelfs al is die van een verwelkende soort en zijn er tegenwoordig niet veel van zulke gezinnen meer. Behoren jullie dus tot een troepje bijna uitgestorvenen. De laatsten der Mohikanen. Of een zeldzame diersoort, zoals de sneeuwpanter of de witte narwal.

Dan lach ik weer. Omdat er zoveel bespottelijks in zit. En zulke dwaze en verdoolde mensen.

Ongeveer een jaar geleden droomde ik dat mijn vader in een raaf was veranderd en dat wij, Kaj, Libby, Max en ik, hem naar het bos brachten. (Hoe is dat mogelijk als hij al in 2001 ter aarde is besteld? Ik zeg je – hij was in een raaf veranderd en we hebben hem naar het bos gebracht.)

We sliepen niet die nacht. De bomen met hun bladerdak vormden een poort waaronder we liepen en hem droegen. Het was doodstil. De dieren van het bos trokken zich terug in de struiken. De vogels verscholen zich in het gebladerte van de bomen en in de spleten van holle stammen. Alleen wie een oplettend oor leende aan de zwakste geluiden kon een trilling horen. Zijn borst was lauw. Zijn snavel, scherp en spits (bewerkt door reuzen), van een zeer oud en fijn ivoor. Tussen zijn veerpennen krioelden koningsmieren. Ze glansden purper in het ochtendlicht.

Daar bij de bosrand legden we hem in het slik.

Daar verwaaide zijn lange dunne geest over het water.

Sindsdien is het alsof het blad van een varen zich uiterst traag in me heeft uitgestrekt: een exquise pijn verspreidend omdat dit diep in mijn binnenste gebeurt. Een varenplant die groen, taai en lenig alles in mij raakt en zich nu ontrolt en zijn eeuwenoude sporen loslaat, terwijl ik me buig naar het heden.

En er is groei, en er is beweging.

Ja, schitterend reptielenbrein, weet je nog hoe ons leven op de gloedwarme aarde begon? De botsing, de collaboratie van de cellen? Hun lustvolle coïtus, hoe ze zich spleten en deelden en vermeerderden...? Hoe donker en groen de enorme varens als reusachtige paraplu's? Hoe groot, betoverend en angstaanjagend de insecten met hun uitwendige skeletten, in iriserende kleuren van metalen en mineralen die nog ontdekt moesten worden? Hoe blauw en transparant en trillend, met veel lawaai en gegons, de vleugels van de gigantische libellen?

Deze geluiden van een wereld waarin alles gewoon is, en niet nadenkt over dit zijn, en waarin elk teken gelijk is aan zichzelf. Waar geen smaak is van zoet, zuur of bitter. En het enige verschil dat van de bit is, de 0 en de 1. De 1 betekent: het leven voedend, en de 0: het leven niet voedend. Waar vuur onder ijs gloeit, en het water warm is, lauwwarm, groen en drabbig, met de vissen, erdoor glijdend, al verlangend om te glijden door de lucht. Waar we ons bloed kunnen voelen stromen, of dit nu koud of heet is... en niets metafoor is, maar alles tegelijk, zowel aan de binnen- als aan de buitenkant van de tijd bestaat, waar vallen hetzelfde is als vliegen.

Planeten worden niet geboren, ze barsten met geweld tot bestaan.

Verantwoording

Ryunosuke Akutagawa, *Rashomon*. Amsterdam: L.J. Veen, 2007.

J.G. Frazer, *De gouden tak. Over mythen, magie en religie*. Vertaald door Aris J. van Braam. Amsterdam: Contact, 1995.

Johann Wolfgang Goethe, *Faust. Een tragedie*. Vertaald door Ard Posthuma. Amsterdam: Athenaeum—Polak & Van Gennep, 2008, p. 232.

Hendrik Jan Korterink, *Moordenaars in Nederland*. Amsterdam: Bertram + de Leeuw, 2015.

Vladimir Nabokov, *Lectures on Literature*. Houghton Mifflin, 1982.

Snorri Sturluson, *Edda*. Vertaald door Marcel Otten. Amsterdam: Athenaeum—Polak & Van Gennep, 2011, p. 175.

Stamboom

*** Henri Elias Henrikus Holbein** x **1942 Eerste vrouw**
(1914-2001)

1 (1943)
2 (1944)
3 (1945)
4 (1946)
5 (1948)

*** Anna Alida Steiner** x **1945 Eerste man**
(1925-2005)

Henne (1946-2015) ('Henne Vuur')
Toddie (1947) ('Toddiewoddie')

*** Henri Elias Henrikus Holbein** x **1950 Anna Alida Steiner**

F ('Malle') (1951)
Max (1952)
Tobias ('Toby') (1956-1962)
MM ('Ondergetekende') (1962)
Kaj (1963)
Libby (1967)